Piri 3

Arbeitsheft in Druckschrift

Autorinnen:
Susanne Löffler
Stefanie Nägerl
Silke Richter
Yvonne Zimmermann

Beratung:
Beate Eckert-Kalthoff

Ernst Klett Verlag GmbH
Stuttgart · Leipzig · Dortmund

Inhalt

Sprechen und zuhören | Lesen – mit Texten und weiteren Medien umgehen | Schreiben | Sprachgebrauch und Sprache untersuchen und reflektieren

Das Jahr erleben und gestalten

Sprechen und zuhören
Lesen – mit Texten und weiteren Medien umgehen
Schreiben
Sprachgebrauch und Sprache untersuchen und reflektieren

Wortarten (1)

Beim Schwimmen

1 Setze die Adjektive passend in den Text ein. Achte auf die Endungen.

fröhlich | gut | schnell | ängstlich | unsicher | flach | lang

Die ________ Kinder sind schon nach fünf Minuten am Schwimmbecken.

Aus den Duschen dringt ein ________ Lachen.

Peter ist ein ________ Schwimmer.

Johannes ist ein ________ Kind.

Er möchte nur ins ________ Wasser.

Lisa ist eigentlich ein ________ Mädchen.

Aber sie kann schon ________ Strecken schwimmen.

2 Ordne die Wörter in die Tabelle ein. Schreibe die Nomen mit Artikel.

tauchen | Wasser | tief | rennen | schwimmen | lustig

Gruppe | lachen | groß | Jungen | Mädchen | klein

Nomen (Substantive)	Verben	Adjektive

3 Bilde Sätze mit den Wörtern und schreibe sie in dein Heft.

→ SB S. 12

Wortarten (2)

1 Setze die Verben in der richtigen Form ein.

Kyra *(rechnen)* ______ heute mit Maro.

Maros Lieblingsfach in der Schule *(sein)* ______ Mathematik.

Jeden Mittwoch *(helfen)* ______ Maro Kyra bei den Hausaufgaben.

Kyra *(fallen)* ______ es manchmal schwer, die Aufgaben

zu *(verstehen)* ______ .

Beiden *(machen)* ______ es aber sehr viel Spaß.

2 Ergänze die Tabelle.

der Arzt	die Ärztin	die Ärztinnen
		die Polizistinnen
der Lehrer		
	die Bäuerin	
der Pilot		
		die Köchinnen
der Maler		

3 Schreibe zu jedem Beruf einen sinnvollen Satz in dein Heft.

→ SB S. 12

Pronomen

Für jedes **Nomen (Substantiv)** kannst du ein **Pronomen** einsetzen.
Die häufigsten Pronomen sind **Personalpronomen**:

Einzahl (Singular):	Mehrzahl (Plural):
ich, du, er, sie, es	wir, ihr, sie

Liebe Laura,
wir haben eine neue Lehrerin. Die Lehrerin heißt Frau Zarbel.
Frau Zarbel ist sehr streng. Sogar beim Malen schimpft Frau Zarbel,
wenn ich Pia mal etwas frage. Aber Frau Zarbel kann auch nett sein.
Gestern durfte Tom neben mir sitzen. Tom kann gut rechnen.
Die Lösungen, die Tom vorlas, lobte Frau Zarbel sehr.
Wie war dein Schulanfang?
Viele Grüße von Jan

○ **1** Lies den Brief. Einige Nomen wiederholen sich. Unterstreiche sie.

◒ **2** Ersetze einige der unterstrichenen Nomen durch passende Pronomen.
Schreibe diese darüber.

Lieber Jan,
mein erster Schultag war auch ziemlich aufregend.
Erst kam er zu spät. Die Bücher fielen ihm runter.
Sie lachte. Dann haben sie die Bücher ausgeteilt
und er ging los.
Viele Grüße
deine Laura

○ **3** Lies nun Lauras Brief. Kreise alle Pronomen ein.

◒ **4** Ersetze die Pronomen, damit der Text verständlicher wird. Verwende folgende Nomen:

Annika und Paul | der Unterricht | die Klasse | Herr Schmitz

◒ **5** Schreibe den Text mit den passenden Nomen in dein Heft.

 → SB S. 16

Personalformen des Verbs

Verben werden in verschiedenen **Personalformen** verwendet. An den Wortstamm hängst du – passend zum Personalpronomen – die richtige Endung an.
Zur Grundform **gehen** gibt es folgende Personalformen:
Einzahl (Singular): **ich** geh**e** – **du** geh**st** – **er/sie/es** geh**t**
Mehrzahl (Plural): **wir** geh**en** – **ihr** geh**t** – **sie** geh**en**

1 Schreibe vier Verben auf, die beschreiben, was Kinder aus deiner Klasse gerne tun.

2 Notiere, wer was macht. Verwende jedes Verb mindestens einmal.
Schreibe so: Lisa reitet gerne. Oder: Lars und Susi musizieren.

3 Ersetze die Namen der Kinder aus Aufgabe 2 durch passende Personalpronomen.
Schreibe so: Sie reitet gerne.

4 Markiere in deinem Text zu Aufgabe 3 in jedem Satz das Personalpronomen und die Endung des Verbs.

5 Setze die folgenden Verben in die Du-Form.

ich sehe – du siehst
ich lese –
ich spreche –
ich schlafe –

6 Was passiert bei diesen Verben in der Er-, Wir-, Ihr- und Sie-Form? Erklärt.

→ SB S. 17

Satzarten

1 Überlege, was die Personen sagen könnten. Schreibe auf und achte auf die Satzzeichen. Verwende verschiedene Satzarten.

2 Vergleicht die Satzarten. Welche Satzart verwendest du, wenn du etwas wissen willst, jemandem etwas erzählst oder etwas ausrufst? Tauscht euch aus.

3 Gestalte zu den Satzarten einen Eintrag in deinem Lerntagebuch.

→ SB S. 18

Aufforderungssätze

Wenn du jemanden auffordern willst etwas zu tun, benutzt du einen **Aufforderungssatz**. Am Satzende steht in der Regel ein Ausrufezeichen.
Diese Strategie hilft dir: **Groß oder klein?**

○ **1** Finde im Text die Aufforderungssätze.
Unterstreiche sie und kreise das Satzschlusszeichen ein.

Alle sitzen am Tisch und reden durcheinander:

„Gib mir bitte ein Stück Torte!“

„Zeig mir deine Geschenke!“

„Hast du viele Geschenke bekommen?“

„Ich habe auch im Oktober Geburtstag.“

„Mach mal das Fenster zu!“

„Lass es lieber offen!“

„Oh je, ich glaube, ich habe zu viel Torte gegessen!“

„Gibt es auch Apfelkuchen?“

„Nun pack mein Geschenk endlich aus!“

○ **2** Formuliere höfliche Aufforderungssätze.
Beachte das Satzschlusszeichen.

Ich möchte, dass mir meine Freundin bei der Hausaufgabe hilft!

Ich möchte, dass wir alle heute Nachmittag noch Fußball spielen!

◒ **3** Lies Kyras Aufforderungssatz.
Wie kann sie es höflich sagen?
Schreibe auf.

Halt die Klappe!

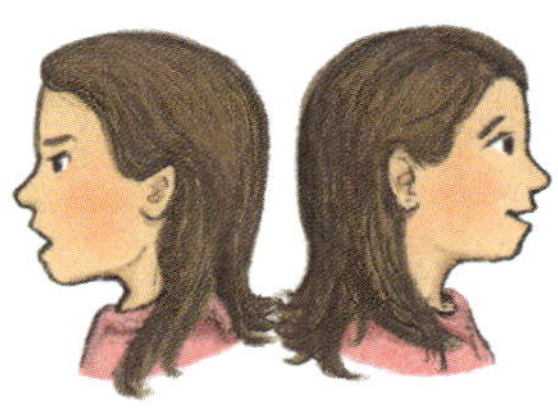

→ SB S. 19

Anredepronomen

Sie, Ihre, Ihnen, Ihr, du, dir, dich, dein, deine, eure, euer sind **Anredepronomen.**
Mit **Sie, Ihnen, Ihre, Ihr** sprichst du Erwachsene höflich an.
Diese Anredepronomen werden großgeschrieben.

1 Setze die passenden Pronomen ein.
Lotta schreibt einen Brief an Frau Marek:

Sie ich Wir

Sie sie ich wir

Liebe Frau Marek,

__________ möchte mich dafür bedanken, dass __________ uns die Zeit für das Sportfest gegeben haben.
__________ hatten so viel Spaß. Können __________ uns das im nächsten Jahr auch wieder erlauben? Vielleicht dürfen __________ das einmal für die ersten Klassen organisieren. __________ denke, dass __________ sich darüber freuen würden.

Viele Grüße
Ihre Lotta

2 Ergänze zu jedem Pronomen, wer damit gemeint ist.

ich – Lotta,

→ SB S. 21

Doppelte Konsonanten (Mitlaute)

○ **1** Zeichne bei folgenden Wörtern die Silbenbögen ein.
Markiere in jeder ersten Silbe den Vokal farbig.

HASEN | HASSEN | BETEN | BETTEN | QUALEN | QUALLEN

Ein doppelter Konsonant (Mitlaut) steht nur nach einem kurzen Vokal (Selbstlaut) oder nach einem kurzen Umlaut. Er wird gebraucht, um die erste Silbe zu schließen: Zi**m**-**m**er. Diese Strategie hilft dir: **Silben schwingen**.

○ **2** Setze die passenden Wörter von Aufgabe 1 ein.
Achte auf die Groß- und Kleinschreibung.

Tipp: Prüfe, welche Wörter Nomen sind.

Die ______________ leben im Wald.

Wir ______________ Ärger und Streit.

Manche ______________ sind fast durchsichtig.

Endlich haben die ______________ ein Ende.

Am Abend springen wir in die ______________.

Manche Menschen ______________ vor dem Schlafengehen.

◒ **3** Kreuze richtige Antworten an.

Das Verb **schwimmen** schreibe ich mit doppeltem Konsonant,

- ☐ weil es ein Verb ist.
- ☐ weil ich das **i** kurz spreche.
- ☐ weil ich das **w** kurz spreche.
- ☐ weil das **m** die erste Silbe schließt.
- ☐ weil ich das **i** lang spreche.
- ☐ weil ich beim Sprechen in Silben in beiden Silben ein **m** höre.

→ SB S. 22

Verwandte Wörter

1 Ergänze die Wörter im Text.
Das verwandte Wort am Rand hilft dir.

Lisa und Lars haben oft Lust Fußball zu ______.	Spiel
Dann ______ sie sich am Fußballplatz.	Treffpunkt
Lars muss heute ______ lange warten.	Ewigkeit
Lisa hatte nämlich einen ______.	einfallen
Sie wollte ihre ______ Laura mitnehmen.	freundlich
Deswegen hat sie sich ______.	spät
Lars war ein bisschen ______ deswegen.	Ärger
„Komm, sei nicht ______!“, bittet Lisa.	Bosheit
Sie ______ aufs Tor und trifft.	Schuss

Wörter mit gleichem oder ähnlichem Wortstamm sind verwandt.
Sie bilden eine Wortfamilie, z. B. die Liebe, lieben, lieb, der Liebesbrief.
Diese Strategie hilft dir: **Wortbausteine**.

2 Ergänze die Tabelle.

Nomen (Substantiv)	**Adjektiv**	**Verb**
das Loch	löchrig	lochen
	fischig	
	stark	
das Glück		
	lieb	
	alt	

→ SB S. 23

Ausdrucksstark vortragen

So trägst du einen Text ausdrucksstark vor:
- Lies dir den Text mehrmals durch und kläre unbekannte Wörter.
- Unterstreiche Wörter, die du besonders betonen möchtest.
- Zeichne dir ein, wo du kurze Pausen machst.
- Übe den Text laut.
- Verwende deine Stimme abwechslungsreich.

1 Lies den Satz mehrmals laut und verwende deine Stimme so, dass sie zum angegebenen Gefühl passt.

zufrieden | begeistert | genervt | wütend

Heute Mittag gab es Spinat mit Kartoffeln.

2 Lies die folgenden Sätze laut.
Verwende deine Stimme passend.

„Psst! Pass auf, dass das Baby nicht aufwacht!“

„Von drauß’ vom Walde komm ich her – ich muss euch sagen, es weihnachtet sehr.“

„Alle mal herhören! Morgen gehen wir in den Zoo!“

„Meine Adresse lautet: Meisenweg 12, 3. Stock, erste Tür rechts.“

3 Unterstreiche Wörter, die du besonders betonen möchtest.
Zeichne Pausenstriche ein.
Übe dann den Text mehrmals laut.

Eines Tages erfuhren die Tiere, dass der Schusch zu ihnen hochziehen wollte.
Es war ihm weiter unten zu warm geworden. Die Tiere gerieten in helle Aufregung.
„Ich hab gehört, dass er so groß ist wie ein Cola-Automat!“, jammerte das Murmeltier.
„Und so zottelig wie eine alte Zahnbürste“, meckerte die Gams.
„Außerdem stinkt er nach nassem Hund.“ „Man sagt, dass er Eier klaut“,
röhrte der Hirsch. „Und seine Lieblingsspeise sei Hasenbraten.“

Charlotte Habersack

4 Tragt den Text ausdrucksstark vor.
Gebt euch Rückmeldung.

→ SB S. 28

Lernwörter-Check

1

kaufen – kauft – kauften backen – bäckt – backten
der Bäcker – die Bäcker oft in – ins sehr etwas verwandt
bin – bist der Abend – die Abende – abends wann

2

dumm voll dann das Zimmer – die Zimmer
der Mann – die Männer schwimmen – schwimmt – schwammen
vergessen – vergisst – vergaßen lassen – lässt – ließen schlimm immer
zusammen können – kann – konnten verwandt

○ **1** Lass dir die Lernwörter der Wörterkisten 1 und 2 diktieren.

◒ **2** Kontrolliere. Verbessere Fehler.

○ **3** Welche Lernwörter waren schwierig für dich?
Markiere sie in den Wörterkisten.

● **4** Bereite dich mithilfe des roten Fadens auf ein Lerngespräch vor.
Überlege und kreuze an:

Wie sicher konntest du deine Lernwörter schreiben?
Schätze dich ein.

Welche Strategien helfen dir, die schwierigen Wörter richtig zu schreiben? Begründe.

Wie möchtest du weiterüben? Erkläre.

● **5** Führt ein Lerngespräch.
Verwendet den roten Faden und tauscht euch aus.

◒ **6** Ergänze deine Wörterkartei.
Nimm Wörter auf, die du in diesem Kapitel falsch geschrieben hast oder die dir besonders wichtig sind.
Übe sie.

S. 2–7

Bist du fit?

1 Male gleiche Wortarten in der gleichen Farbe an:

VOLL	HELFEN	ZIMMER	SCHLAFEN	KALT
BEISPIEL	MANN	TAPFER	LUSTIG	KÖNNEN

2 Setze die richtigen Pronomen ein. wir ich es ich ihr er

Gestern war _______ mit meiner Schwester im Schwimmbad,
wo _______ uns ein leckeres Eis kauften. _______ bemerkte gleich,
dass _______ schon fast geschmolzen war. Der Verkäufer war untröstlich.
_______ entschuldigte sich: „Nächstes Mal bekommt _______ eins umsonst!"

3 Schreibe jeweils einen passenden Satz auf. Achte auf die Satzzeichen.

Du möchtest, dass dir jemand hilft:

Bitte ____________________

Du willst wissen, ob deine Freunde heute mit ins Kino gehen wollen:

____

Du hast dir wehgetan und schreist:

____

4 Zeichne bei folgenden Wörtern die Silbenbögen ein. Markiere die Vokale in den ersten Silben.

lassen	Tasche	Kanne	
leben	Füller	brennen	Vogel

5 Manche Wörter schreibst du mit einem doppelten Konsonanten. Erkläre die Regel:

____

____

6 Finde verwandte Wörter.

Wunder: wundervoll, ____________________

Glück: ____________________

schlafen: ____________________

Zusammengesetzte Nomen (Substantive)

Zusammengesetzte Nomen (Substantive) können unterschiedlich gebildet werden:
Nomen + Nomen
Verb + Nomen
Adjektiv + Nomen
Mit zusammengesetzten Nomen kannst du dich **kurz und genau** ausdrücken.
Du schreibst sie **groß**.
Diese Strategie hilft dir: **Wortbausteine**.

○ **1** Bilde zusammengesetzte Nomen.

Turnier | rennen | schaukeln

wild | reiten | springen | arbeiten

◒ **2** Ordne richtig ein.

Kindergarten | Buntpapier | Grundschule | Brüllaffe

Kleinwagen | Fallobst | Großstadt

Haustür | Stechmücke | Fernglas | Raubtier

Nomen + Nomen: der Kindergarten,

Verb + Nomen:

Adjektiv + Nomen:

→ SB S. 45

Eine Geschichte weiterschreiben

Geheimnisvolles Rascheln

„Ein Hut, ein Stock, ein Regenschirm, vorwärts, rückwärts, seitwärts, ran!“ Singend laufen die drei Freundinnen durch den Park. Plötzlich sieht Lisa etwas. Sie bleibt ruckartig stehen. Der große Laubhaufen da vorne hat sich bewegt!“ Dabei ist es fast windstill. Die Mädchen hören ein leises Rascheln ...

○ **1** Finde den Wendepunkt der Geschichte. Markiere.

◒ **2** Was könnte geschehen? Tauscht euch aus.

◒ **3** Schreibe die Geschichte weiter. Erzähle das besondere Ereignis ausführlich. Führe am Ende wieder zur alltäglichen Ausgangssituation zurück.

◒ **4** Trenne die Rückkehr zur Ausgangssituation durch einen Strich ab.

◒ **5** Lest eure Texte vor. Gebt euch Rückmeldung.

→ SB S. 46

Wörtliche Rede

Dunkle Wolken auf dem Heimweg

Als Mehmed, Paul und Tim nach dem Fußballtraining gegen 17 Uhr die Halle verlassen, ist es schon ziemlich dunkel. Mehmed fragt verwundert ___ ___ Haben wir heute länger als sonst gespielt? ___ Sein Freund Tim antwortet ___ ___ Nein, aber es wird doch jetzt schon früher dunkel. ___

Am Himmel türmen sich dunkle Gewitterwolken und in der Ferne hört man es donnern. Da erkundigt sich Paul ___ ___ Habt ihr den Donner gehört? ___ Mehmed ruft ___ ___ Kommt, rennen wir nach Hause! ___ Paul fragt ___ ___ Wollen wir uns nicht lieber unterstellen? Warten wir lieber, bis das Gewitter vorbei ist. ___

○ **1** Was sagen die drei Freunde? Markiere.

◒ **2** Setze im Text Doppelpunkte und Anführungszeichen.

◒ **3** Schreibe in wörtlicher Rede auf, was Mehmed, Paul und Tim im Bild sagen. Formuliere passende Begleitsätze.

☒ **4** Wie würdet ihr euch entscheiden? Diskutiert.

→ SB S. 47

Satzglieder

1 Der Wind treibt die Drachen am Himmel hin und her.
Immer wieder entstehen Sätze. Schreibe sie auf.
Kreise die Satzglieder ein.

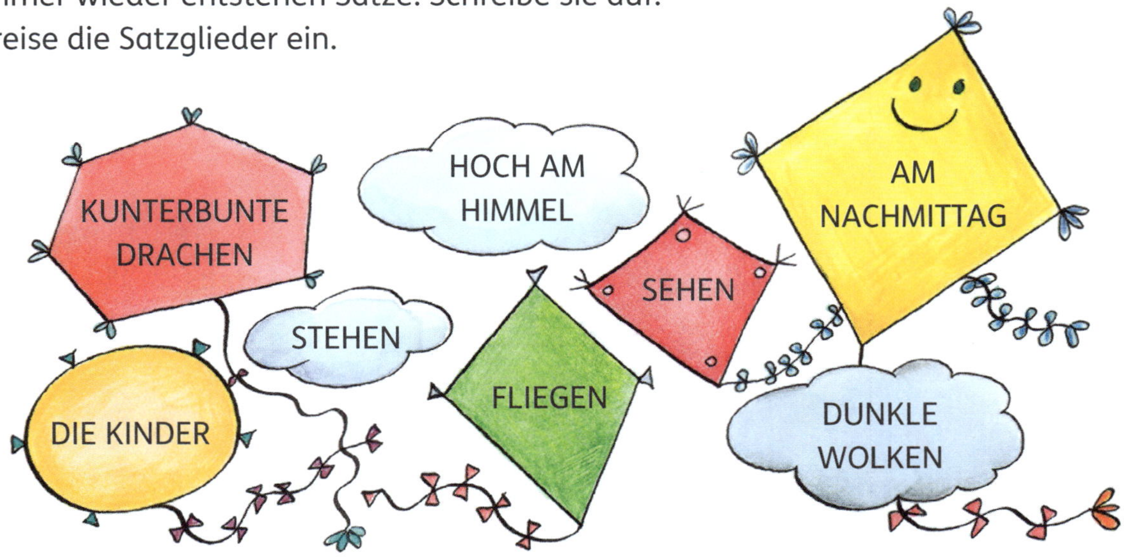

2 Kreise im folgenden Text die Satzglieder ein.

Kyra beobachtet stolz ihren Drachen.
Er stürzt plötzlich auf den Boden.
Elena betrachtet traurig den Schaden.
Sie geht schnell nach Hause.
Kyra erzählt ihrer Mutter von ihrem Pech.
Sie reparieren gemeinsam den Drachen.

3 Schreibe die Geschichte in dein Heft. Stelle dabei jeden Satz einmal um.

4 Kreise die Satzglieder in deinem Heft ein.

5 Vergleicht die beiden Texte im Arbeitsheft und in euren Heften.
Was stellt ihr fest? Tauscht euch aus und begründet.

6 Gestalte einen Eintrag zum Thema Satzglieder in deinem Lerntagebuch.

→ SB S. 49

Vorsilben von Verben

Verben können **Vorsilben** haben. Vorsilben sind vorangestellte Wortbausteine.
Mit Vorsilben kannst du die Bedeutung von Verben verändern. Vorsilben sind zum Beispiel: **ab-**, **an-**, **be-**, **ent-**, **er-**, **ver-**, **zer-**.
Diese Strategie hilft dir: **Wortbausteine**.

○ **1** Setze die passenden Verben in den Text ein.

verfaulen

vergraben

verfärben

verabschieden

verblühen

Im Garten
sieht es schon herbstlich aus.
Die ersten Blätter ______________ sich.
Die letzten Rosen ______________.
Eichhörnchen ______________ Walnüsse
unter den Sträuchern. Auf der Wiese
______________ die Äpfel.
Wir müssen uns wohl
vom Sommer
______________.

◒ **2** Finde Vorsilben, die du mit diesen Verben zusammensetzen kannst.

ver- graben

☐ suchen

☐ pflücken

☐ lassen

☐ steigen

vergraben,

____

____

● **3** Vorsilben verändern die Wortbedeutung.
Was bedeuten die verschiedenen Verben? Tauscht euch aus.

er- | an- | legen

ein- | ver- | schlafen

an- | ein- | fangen

● **4** Schreibe mindestens fünf Sätze mit diesen Verben in dein Heft.

→ SB S. 50

Merkwörter mit ks-Laut (M)

Bei einigen Wörtern gibt es für die schwierige Stelle keine Regel.
Dazu gehören Wörter mit **ks-Laut**: Fuchs, links, Taxi, Text, sechs.
Diese Strategie hilft dir: **Merken**.

Verhexter Wörtermix

1 Lies die Wörter in den Rahmen mit einem Spiegel und schreibe sie darunter.

boxen	Luchs	Taxi
Kekse	mixen	Gewächs
Text	sechs	Lexikon

2 Markiere in jedem Wort die schwierige Stelle.

3 Schreibe mit den Spiegelwörtern Unsinnsätze.

4 Diktiert euch gegenseitig die Wörter mit **ks-Laut**.

→ SB S. 54

Wörter mit ä und äu ⚡

Ich erstelle in meinem Lerntagebuch eine Seite zur Strategie Ableiten.

1 Finde zu jedem Wort mit **ä** oder **äu** das verwandte Wort mit **a** oder **au**. Schreibe das Wortpaar auf. Markiere **a/ä** oder **au/äu** bei jedem Wortpaar farbig.

~~zählen~~ kalt Ärztin Rätsel bauen Arzt

raten Kälte Gebäude wählen ~~Zahl~~ Wahl

zählen – die Zahl

Willst du Wörter mit **ä** oder **äu** sicher richtig schreiben, dann überlege, ob es dazu ein verwandtes Wort mit **a** oder **au** gibt.
Diese Strategie hilft dir: **Ableiten.**

2 Wie heißen die Lückenwörter richtig?
Verbinde jedes Wort mit dem passenden Bild. Suche und notiere jeweils verwandte Wörter. Fülle erst am Ende die Lücke mit den Buchstaben.

der L ◯ fer

die ◯ ste

das P ◯ ckchen

der R ◯ ber

3 Finde selbst Wortpaare mit **a/ä** oder **au/äu**.

→ SB S. 55

Sachtexte erkennen

○ **1** Das ist ein Sachtext von Joschi über Eichhörnchen. Was fällt euch auf?

Eichhörnchen

Die niedlichen Eichhörnchen gehören zu den Nagetieren. Ihr wunderbar weiches Fell kann fuchsrot bis schwarz-braun gefärbt sein. Der buschige Schwanz dient den Tieren fantastisch beim gefährlichen Klettern und Springen. Eichhörnchen ernähren sich von leckeren Samen, schmackhaften Früchten, zarten Knospen, manchmal aber auch von Vogeleiern und kleinen Jungvögeln. Im Herbst verstecken die fleißigen Eichhörnchen ihre schmackhaften Vorräte.

2 Ein Sachtext ist sachlich, kurz und knapp.
Streiche die Wörter, die nicht zu einem Sachtext gehören.

3 Schreibe den Text nun so auf, dass er nur noch die sachlichen Informationen enthält.

4 Sammle Informationen zu einem anderen Waldtier.
Schreibe einen Sachtext in dein Heft oder am Computer.

→ SB S. 56

Sachtexte verstehen

1 Lies den Text. Markiere wichtige Informationen farbig.

Waldameisen

Die großen Ameisenhaufen, die man im Wald sehen kann, sind das Werk der Roten Waldameise. Diese Haufen sind kein wildes Durcheinander von Baumnadeln, Blättern und Stöckchen, sondern hier gibt es viele Gänge, die weit unter die Erde reichen. In einem Ameisenhaufen leben bis zu mehrere Millionen Ameisen. Man nennt sie zusammen einen Ameisenstaat.
Die Königin kann einen neuen Staat auf unterschiedliche Weise gründen.
Oft dringt sie einfach in ein anderes Nest der eigenen Art ein und wird aufgenommen.
Häufig übernimmt sie das Nest einer anderen Ameisenart.
Die Wege, die die Roten Waldameisen bei der Futtersuche außerhalb des Baus gehen, bezeichnet man als Ameisenstraßen. Ameisenhaufen stehen unter Naturschutz, da die Ameisen viele Schädlinge des Waldes vernichten.

2 Vergleicht die markierten Informationen und tauscht euch aus.

3 Notiere Stichpunkte zu diesem Sachtext.

4 Nur drei Sätze sind richtig. Kreuze sie an.

- ☐ In einem Ameisenstaat leben bis zu 10 000 Ameisen.
- ☐ Manchmal übernimmt die Königin ein anderes Nest.
- ☐ Die Königin einer anderen Art lebt im Nest weiter.
- ☐ Die Wege der Ameisen nennt man Ameisenstraßen.
- ☐ Auf den Wegen hinterlassen die Ameisen Stöckchen.
- ☐ Die Waldameise vernichtet viele Schädlinge des Waldes.

5 Schreibe nun alle Sätze in dein Heft.
Berichtige dabei die falschen Sätze so, dass die Aussagen richtig sind.

→ SB S. 59

○ **1** Lies den Text.

Wiesel und Waldkauz

Das Wiesel gehört zur Familie der Marder. Der Waldkauz gehört zu den Eulen. Er hat ein dunkel gesprenkeltes Gefieder. Sein Sommerfell ist auf dem Rücken braun und am Bauch weiß. Mit seinen starr nach vorne gerichteten Augen sieht er sehr gut. Im Winter wird es ganz weiß. Wiesel sind Einzelgänger. Sie suchen sich nur einen Partner, um Junge zu bekommen. Der Waldkauz lebt in Parks und Wäldern. Seine Nester findet man meist in Baumhöhlen. Das Weibchen bringt im Frühjahr in einer Erdhöhle drei bis neun Junge zur Welt. Im Frühjahr legt das Weibchen drei bis fünf Eier und brütet sie aus. Nach etwa vier Wochen schlüpfen die Jungen. Nach fünf bis sechs Wochen verlassen die Jungen ab und zu die Erdhöhle, doch erst im Herbst können sie alleine leben. Sie werden zwei Monate lang von den Eltern im Nest gefüttert. Noch bevor sie fliegen lernen, klettern sie auf Ästen herum.

◒ **2** Unterstreiche alle Informationen, die zum Wiesel gehören.

◒ **3** Lies den Text über das Wiesel vor.

◒ **4** Lies den Text über den Waldkauz vor.

● **5** Suche in einem Tierlexikon oder im Internet weitere Tiere, die zur Familie der Marder und zur Familie der Eulen gehören.

Marder: ______________________________

____

Eulen: ______________________________

____

● **6** Vergleicht eure Informationen. Tauscht euch aus.

● **7** Gestaltet Plakate zu Mardern und Eulen.

→ SB S. 59 | MK

Lernwörter-Check

3

das Glück – glücklich plötzlich die Eltern draußen
kommen – kommt – kamen erschrecken – erschreckt – erschraken
schnell heute erst wie

4

der Arm – die Arme stark – stärker vom – von wieder
erzählen – erzählt – erzählten verlieren – verliert – verloren
bleiben – bleibt – blieben vielleicht wem – wen vier

5

der Fuchs – die Füchse links das Taxi – die Taxis
der Text – die Texte sechs der Wald – die Wälder sofort
schwer weinen – weint – weinten reiten – reitet – ritten

○ **1** Lass dir die Lernwörter der Wörterkisten 3, 4 und 5 diktieren.

◒ **2** Kontrolliere. Verbessere Fehler.

○ **3** Welche Lernwörter waren schwierig für dich? Markiere sie in den Wörterkisten.

● **4** Bereite dich mithilfe des roten Fadens auf ein Lerngespräch vor.
Überlege und kreuze an:

Wie sicher konntest du deine Lernwörter schreiben?
Schätze dich ein.

Welche Strategien helfen dir, die schwierigen Wörter richtig zu schreiben? Begründe.

Wie möchtest du weiterüben? Erkläre.

● **5** Führt ein Lerngespräch.
Verwendet den roten Faden und tauscht euch aus.

◒ **6** Ergänze deine Wörterkartei.
Nimm Wörter auf, die du in diesem Kapitel falsch geschrieben hast oder die dir besonders wichtig sind. Übe sie.

S. 8–9

Bist du fit?

1 Bilde möglichst viele zusammengesetzte Nomen. Ordne richtig ein.

spielen | bunt | Haus | Platz | Schrank | Specht

kühl | Schule | waschen | Eis | Schlüssel | Maschine

sitzen | glühen | weiß | Blume | Brot | fahren

Nomen + Nomen: ______________________

Verb + Nomen: ______________________

Adjektiv + Nomen: ______________________

2 Schreibe einen Satz in wörtlicher Rede mit passendem Begleitsatz auf. Setze Doppelpunkt und Anführungszeichen. Unterstreiche, was gesprochen wird.

____

3 Stelle den Satz zweimal um. Kreise die Satzglieder ein.

Paul erzählt seinen Freunden begeistert von seinem Abenteuer.

____

____

4 Setze jedes Verb mit mindestens drei sinnvollen Vorsilben zusammen.

reisen: ______________________

stellen: ______________________

5 Schreibe richtig. Suche das verwandte Wort.

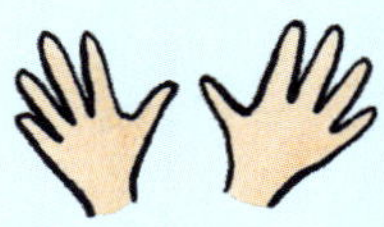

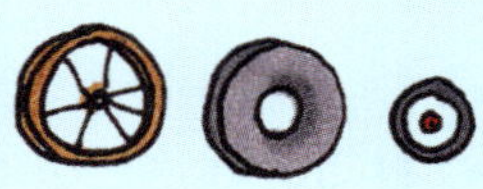

Zeitbezüge ausdrücken

Ein neuer Flug mit der Seifenblase?

☐ Zuletzt schraubt Anna den Deckel wieder zu.

☐ Dort gibt sie zuerst etwas Spülmittel in das leere Röhrchen.

☐ Als sie bemerkt, dass die Seifenblasen aufgebraucht sind, läuft sie in die Küche.

1 Vor einer Woche ist Anna mit der Seifenblase davongeflogen.

☐ Dann füllt sie das Röhrchen vorsichtig mit Wasser auf.

☐ Schließlich saust sie zurück in ihr Zimmer.

☐ Gleich kann das Abenteuer beginnen.

☐ Heute möchte sie zu einem neuen Abenteuer aufbrechen.

1 Nummeriere die Seifenblasen in der richtigen Reihenfolge.

2 Welche Wörter geben Hinweise, wann etwas geschieht? Unterstreiche.

3 Findet weitere Beispiele zu den Wörtern und Wortgruppen. Notiert.

jetzt ____________________

als Erstes ____________________

danach ____________________

am Ende ____________________

4 Schreibe den Text geordnet in dein Heft.
Ersetze die unterstrichenen Wörter durch andere Begriffe aus Aufgabe 3.

5 Vergleicht eure Texte.
Sprecht über Gemeinsamkeiten und Unterschiede.

→ SB S. 72

Verben im Präteritum

Das Verb im **Präteritum** zeigt an, dass etwas in der Vergangenheit stattgefunden hat:
Heute **hatte** ich ein tolles Erlebnis. Ich **schwebte** in einer Seifenblase.
Das **Präteritum** benutzt du meist beim Schreiben von Geschichten.

Im Seifenblasenland
In ihrem Zimmer macht Anna Seifenblasen.
Wieder steigt das Mädchen in eine Seifenblase.
Sie fliegt mit ihr ins Seifenblasenland.
Dort ist alles bunt.
Anna hört eine sonderbare Musik.
Sie sieht wunderschöne Pflanzen und seltsame Tiere.
Anna hat einen tollen Tag.
Glücklich reist sie nach Hause.

1 Unterstreiche die Verben im Text.

2 Setze die Verben aus dem Text ins Präteritum: sie macht – sie machte, ...

3 Setze die Verben im Präteritum ein.

kommen | gehen | lassen | scheinen

Die Sonne ____________ warm im Seifenblasenland.

Anna ____________ über schöne Wiesen.

Verschiedene Tiere ____________ auf sie zu.

Alle ____________ sich streicheln.

4 Welche Verben der Aufgaben 2 und 3 verändern sich im Präteritum am meisten?
Schlage sie nach. Verbessere, falls nötig.

5 Was erlebt Anna noch im Seifenblasenland?
Schreibe ein Erlebnis im Präteritum in dein Heft.

→ SB S. 73

Wörter mit ie und i

Hörst du einen langen i-Laut am Ende einer Silbe, schreibst du meist **ie**:
T**ie**-re, s**ie**-ben, s**ie**. Diese Strategie hilft dir: **Silben schwingen.**
Hörst du einen langen i-Laut in der Mitte einer Silbe, verlängere das Wort so, dass eine offene Silbe entsteht: z**ie**ht – z**ie**-hen, Beisp**ie**l – Bei-sp**ie**-le.
Diese Strategie hilft dir: **Verlängern.**

○ **1** Schwinge zu jedem Verb mit **i** oder **ie** die Silben. Wie klingt der Vokal in der ersten Silbe? Wie endet die erste Silbe? Überlege.

◒ **2** Schreibe die Verben mit dem richtigen i-Laut auf.

◒ **3** Verlängere die Wörter und schwinge die Silben. Musst du **ie** oder **i** schreiben? Entscheide.

er l__bt　　sie spr__ngt　　es g__ßt　　er w__nkt

◒ **4** Setze die Verben ins Präteritum.

wir liegen

wir verlieren

wir schieben

wir fliegen

wir schlafen

wir schreiben

wir rufen

wir steigen

❀ **5** Vergleicht die Verbformen von Aufgabe 4. Was fällt euch auf? Tauscht euch aus.

→ SB S. 74

Wortfelder

Wörter mit gleicher oder ähnlicher Bedeutung bilden ein **Wortfeld**:
sagen: antworten, rufen, stammeln, ...
Wortfelder helfen dir, dich genau und abwechslungsreich auszudrücken.

1 Ordne die Verben. Finde für jedes Wortfeld eine passende Überschrift.

2 Setze passende Verben ein. Verwende in jedem Absatz Wörter aus einem Wortfeld.

Besuch im Schloss

Die Kinder ______________ das Schloss.
Wohin sie auch ______________,
sie ______________ ständig etwas Neues.
„______________ mal, Lotta, eine Rüstung!“, staunt Tian.
Lotta ______________ aber gerade Leute,
die Müll auf den Boden werfen.

Danach ______________ die Kinder durch den Wald.
Wie immer ______________ Timo vor.
Er verletzt sich den Fuß und kann nur noch ______________.
Die Mädchen ______________ langsam hinterher.
„Bitte ______________ nicht so!“, ruft der Lehrer.

3 Gestalte zum Wortfeld **sprechen** eine Seite in deinem Lerntagebuch.

→ SB S. 76

Nachsilben -nis, -heit, -keit und Endung -ung

Mit den Nachsilben **-nis**, **-heit**, **-keit** und der Endung **-ung** kannst du Nomen (Substantive) aus Adjektiven und Verben bilden: rechnen – die Rechnung, krank – die Krankheit. Nachsilben und Endungen sind nachgestellte Wortbausteine. Diese Strategie hilft dir: **Wortbausteine**.

1 Bilde Nomen mit **-heit**, **-keit** und **-ung**. Schreibe sie mit Artikel auf.

~~bescheiden~~ bewundern faul gemütlich heiter untersuchen

klar beschreiben trocken werben herzlich heimlich

-heit Bescheidenheit, ____________________

____

-keit ____________________

____

-ung ____________________

____

2 Wandle die Nomen mit der Nachsilbe **-nis** in eine andere Wortart um.
Schreibe das neue Wort in den Stern.

Verständnis ________

Erlaubnis ________

Finsternis ________

Ärgernis ________

Gefängnis ________

Erkenntnis ________

Geheimnis ________

Geständnis ________

3 Welche Wortart haben die neuen Wörter?
Wähle für jede Wortart eine Farbe und male die Sterne passend an.

→ SB S. 77

Zusammengesetzte Nomen (Substantive)

Zusammengesetzte Nomen (Substantive) bestehen aus einem **Grundwort** und einem **Bestimmungswort**.
Das Bestimmungswort steht vorne. Es beschreibt das Grundwort näher.
Das Grundwort steht hinten. Es bestimmt den Artikel.
Manchmal werden Grund- und Bestimmungswort mit einem -s- oder -es- verbunden (**Fugen-s**). Diese Strategie hilft dir: **Wortbausteine**.

1 Schreibe viele verschiedene Hexen auf.

Kräuterhexe, ______________________

____

2 Vergleiche die zusammengesetzten Nomen von Aufgabe 1. Was fällt dir auf? Erkläre.

Bestimmungswort | Grundwort

3 Unterstreiche alle zusammengesetzten Nomen. Kreise das Grundwort ein.

Wie wird man eine richtige Hexe?
Eine Junghexe muss das ganze Zauberbuch auswendig lernen. Stundenlang übt sie das Fliegen auf ihrem Besenstiel. Dann meldet sie sich zur Hexprüfung an. Wenn sie bestanden hat, bekommt sie einen Spitzhut und ein Hexenkleid. Jetzt darf sie sich endlich Hexe nennen.

4 Ordne die zusammengesetzten Nomen in die Tabelle ein.

Nomen + Nomen	Verb + Nomen	Adjektiv + Nomen

5 Was kommt in den Zaubertrank? Verbinde.

Kröten	Ratten	Hering	Teufel	Spinnen
Schleim	Krallen	Beine	Haare	Schuppen

6 Schreibe die zusammengesetzten Nomen in dein Heft.
Unterstreiche Grund- und Bestimmungswörter mit verschiedenen Farben.

→ SB S. 78

Wörter mit äu und eu

Der Umlaut **äu** klingt genauso wie **eu**.
Wenn du nicht weißt, ob ein Wort mit **äu** geschrieben wird,
suche ein verwandtes Wort mit **au**: die Häuser – das Haus, er läuft – laufen.
Diese Strategie hilft dir: **Ableiten**.

1 Setze **äu** oder **eu** richtig ein.

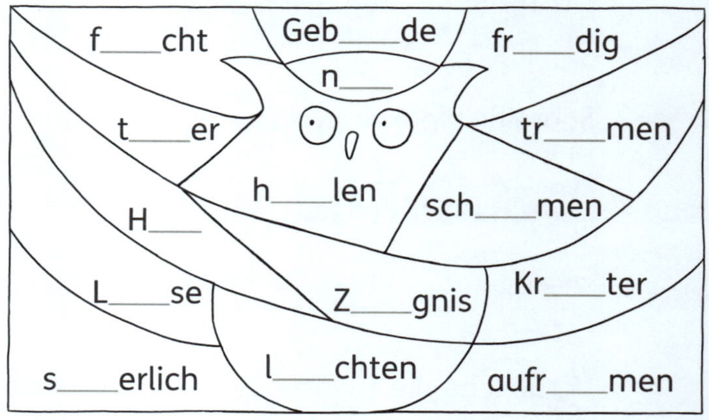

2 Überprüfe die Wörter von Aufgabe 1: Findest du zu jedem Wort mit **äu** ein verwandtes Wort mit **au**? Schreibe die Wortpaare auf.

3 Male alle Wörter der Felder mit **äu** hellblau und mit **eu** braun aus. Was entsteht?

4 Ordne die Wörter von Aufgabe 1 nach Wortarten.

Nomen (Substantive)	Verben	Adjektive

5 Schreibe zu jedem Wort mit **eu** einen Satz in dein Heft.

→ SB S. 80

Adjektive mit -ig und -lich

Die Nachsilben **-ig** und **-lich** sind Wortbausteine. Mit ihnen kannst du aus Nomen (Substantiven) Adjektive bilden: die Frucht – fruchtig, die Liebe – lieblich.
Diese Strategie hilft dir: **Wortbausteine**.
Ob ein Wort am Ende mit **-ig** oder mit **-lich** geschrieben wird, hörst du, wenn du es verlängerst: traurig – traurige, fröhlich – fröhliche.
Diese Strategie hilft dir: **Verlängern**.

1 Setze **-ig** oder **-lich** passend ein.

Ein unglückliches Gespenst

Gefähr______ und mit viel Gewimmer
schleicht Kasimir durch jedes Zimmer.
Fleck______ war sein Geistertuch,
auch sein Kopf bot **Dreck** genug,
den er list______ unterm Arm getragen.
Eines Tages doch, o **Schreck**,
war der Kopf auf einmal weg!
Da war Kasimir sehr traur______,
heulte im Gewölbe schaur______.

Ohne Kopf kann auch ein **Geist**
wenig seh'n, wie du wohl weißt.
Pein______ ist es außerdem!
So ist Kasimir zu seh'n,
wie er biss______ schleicht durchs Haus,
kalk______ weiß, es ist ein **Graus**,
bis vielleicht am jüngsten **Tag**
seinen Kopf er finden mag.
Ja, dann wär' er augenblick______
end______ wieder glück______!

2 Schreibe die Adjektive mit **-ig** und **-lich** aus dem Text heraus.
Finde jeweils ein verwandtes Nomen: gefährlich – die Gefahr, …

3 Bilde aus den fett gedruckten Nomen Adjektive mit **-ig** oder **-lich**.
Schreibe so: der Graus – grausig, …

4 Schreibe mit jedem Adjektiv aus Aufgabe 3 einen Satz.

5 Übt das Gedicht ausdrucksstark vorzutragen. Gebt euch Rückmeldung.

→ SB S. 81

Schreibtipps für Geschichten

So schreibst du eine eigene spannende und lebendige Geschichte:
- Nutze deinen roten Faden.
- Bleibe bei einer Erzählzeit.
- Denke an unterschiedliche Satzanfänge.
- Benutze treffende Wörter.
- Beschreibe, was die Figuren hören, sehen, denken und fühlen.
- Verwende wörtliche Reden.

1 Wie fühlt sich Lotta bei dem Erlebnis? Sammelt Adjektive.

____

2 Wie klingt das Geräusch, das Lotta hört? Kreuze an und beschreibe genau.

☐ laut ☐ leise ☐ hoch ☐ tief ☐ schrill ☐ quietschend ☐ ______

Das Geräusch klingt wie ______________________________

3 Stelle dir vor, du bist Lotta und hörst das Geräusch. Schreibe so genau wie möglich auf, was du fühlst und was in deinem Körper passiert.

____

____

____

4 Was sagt Lotta zu ihrem Vater? Ergänze die Sprechblase.

Papa, ______________________________

____

____

5 Schreibe die Geschichte auf. Verwende das, was du in den Aufgaben 2 bis 4 schon erarbeitet hast.

6 Tauscht eure Geschichten aus. Überprüft, ob die Schreibtipps beachtet wurden. Gebt euch Rückmeldung.

 → SB S. 82–85

Einen Text mithilfe von Schlüsselwörtern verstehen

Der Werwolf

Es gibt viele Fantasiegestalten, vor denen sich die Menschen fürchten. Dazu gehört auch der Werwolf. Der Name „Werwolf" erklärt, was man sich unter diesem Wesen vorstellen muss. Das Wort „wer" bedeutet „Mann". Ein Werwolf ist also ein Mann, der sich in einen Wolf verwandeln kann.

Doch nicht jeder Mensch hat diese Fähigkeit. Man sagt, dass ein Werwolf einen Pakt mit dem Teufel geschlossen hat. Der Teufel hat dem Mann einen Wolfsgürtel gegeben. Mithilfe des Gürtels kann dieser zu einem Wolf werden. Dafür erhält der Teufel die Seele des Mannes.

In vielen Filmen und Büchern verwandeln sich Männer aber noch aus einem anderen Grund in einen Werwolf: Sie werden bei Vollmond von einem anderen Werwolf gebissen.

1 Finde Schlüsselwörter im Text. Unterstreiche sie mit Bleistift.

2 Erzähle mithilfe deiner Schlüsselwörter, was du jetzt über Werwölfe weißt.

3 Wie hilfreich waren deine Markierungen? Kreuze an.

- ☐ Ich habe zu viel markiert.
- ☐ Ich habe zu wenig markiert.
- ☐ Ich habe die wichtigsten Informationen markiert.

4 Markiere jetzt die Schlüsselwörter farbig.
Überarbeite deine Auswahl, wenn du bei Aufgabe 3 den ersten oder zweiten Satz angekreuzt hast.

5 Notiere Fragen, die der Text „Der Werwolf" beantwortet.

→ SB S. 88

Lernwörter-Check

6

das Tier – die Tiere ziehen – zieht – zogen nie – niemals
das Beispiel – die Beispiele schieben – schiebt – schoben schwierig
liegen – liegt – lagen riechen – riecht – rochen das Loch – die Löcher
die Zwiebel – die Zwiebeln tief – tiefer steigen – steigt – stiegen

7

die Nacht – die Nächte der See – die Seen alt – älter der Berg – die Berge
das Licht – die Lichter laufen – läuft – liefen der Verkäufer – die Verkäufer
neu euer – eurem – euren machen – macht – machten

○ **1** Lass dir die Lernwörter der Wörterkisten 6 und 7 diktieren.

◒ **2** Kontrolliere. Verbessere Fehler.

○ **3** Welche Lernwörter waren schwierig für dich?
Markiere sie in den Wörterkisten.

● **4** Bereite dich mithilfe des roten Fadens auf ein Lerngespräch vor.
Überlege und kreuze an:

Wie sicher konntest du deine Lernwörter schreiben? Schätze dich ein.

Welche Strategien helfen dir, die schwierigen Wörter richtig zu schreiben? Begründe.

Wie möchtest du weiterüben? Erkläre.

● **5** Führt ein Lerngespräch.
Verwendet den roten Faden und tauscht euch aus.

◒ **6** Ergänze deine Wörterkartei.
Nimm Wörter auf, die du in diesem Kapitel falsch geschrieben hast oder die dir besonders wichtig sind. Übe sie.

S. 10–12

Bist du fit?

○ **1** Trage die fehlenden Zeitformen in die Tabelle ein.

Präsens	er lacht	______	______	ich bin
Präteritum	______	wir liebten	du fielst	______

◒ **2** Ergänze den Lückentext. Finde passende Beispiele.

Klingt ein i-Laut am ______________ einer Silbe ______________,

schreibe ich meist ______________. Beispiel: ______________.

Steht ein langer i-Laut in der Mitte einer Silbe, ______________ ich das Wort.

Beispiel: ______________.

◒ **3** Schreibe vier Verben auf, die zum Wortfeld **sehen** gehören.

____

◒ **4** Wandle die Wörter in eine andere Wortart um, indem du Nachsilben ergänzt. Kreise die Nachsilben ein.

die Ecke | frei | geheim | die Natur | fröhlich

____

____

◒ **5** a) Bilde sinnvolle zusammengesetzte Nomen. Kreise die Grundwörter ein. Unterstreiche die Bestimmungswörter.

Glück | Tag | Pilz | Geburt

____

b) Welche Besonderheit haben die zusammengesetzten Nomen? Beschreibe.

____

◒ **6** Setze **äu** oder **eu** richtig ein.

h____te   er l____ft   der Verk____fer   n____   die B____me

Stichpunkte verwenden

Stichpunkte helfen dir einen Text zu verfassen.
Du kannst sie als Grundlage für eigene Sätze verwenden.

Fernsehen – so funktioniert es

Marie hat sich über das Fernsehen informiert und Stichpunkte gesammelt.

● **1** Schreibe mit Maries Stichpunkten einen Text über das Fernsehen.

◒ **2** Vergleicht eure Texte. Ergänzt, wenn notwendig.

Merkwörter mit Dehnungs-h (M)

Bei einigen Wörtern gibt es für die schwierige Stelle keine Regel.
Dazu gehören Wörter mit **Dehnungs-h**. Wird in einem Wort ein Vokal (Selbstlaut) oder ein Umlaut lang gesprochen, folgt oft ein Dehnungs-h.
Wenn du nicht weißt, wie man das Wort schreibt, musst du es nachschlagen.
Diese Strategie hilft dir: **Merken**.

1 Löse das Rätsel. Setze Wörter mit Dehnungs-h ein.

Sie zeigt die Zeit an:

Damit fahren wir gern:

An der Kasse müssen wir:

Das männliche Huhn heißt:

Darauf kann man sitzen:

Ein anderes Wort für Zug:

Das Lösungswort heißt: ____________

2 Ergänze die Tabelle. Markiere das Dehnungs-h.

Grundform	du	er/sie/es	wir
bohren			
	fühlst		
		wählt	

3 Bilde aus den Verben Nomen mit der Endung **-ung**.

wohnen – ____________ erzählen – ____________

belohnen – ____________

4 Setze die Nomen aus Aufgabe 3 richtig ein.

Die Klasse lauscht der ____________ ihrer Lehrerin.

Annas Mutter will am Nachmittag die ____________ putzen.

Zur ____________ bekommen die Kinder ein kleines Buch.

→ SB S. 104

Steigerung von Adjektiven

Adjektive kannst du steigern:
- **schön (Grundstufe)**

Die Steigerungsstufen heißen:
- **schöner (Mehrstufe)**
- **am schönsten (Meiststufe)**.

Fantasietiere

Lotta und Maro haben Abklatschbilder gemacht. Nun entdecken sie Tiere. Lotta kichert: „Ich sehe einen Hund. Er hat die dunkelsten Knopfaugen und kuscheliges Fell.“ Maro erzählt: „Auf dem zweiten Bild erkenne ich einen gefährlichen Wolf. Er ist kleiner, hat aber das längste Fell.“ „Am lustigsten sieht aber der Spitz aus. Er hat ein kürzeres Fell als der Wolf, es ist jedoch viel flauschiger“, meint Lotta.

1 Unterstreiche alle Adjektive.

2 Notiere zu jedem Adjektiv die fehlenden Steigerungsstufen.
Schreibe so: dunkel, dunkler, am dunkelsten, …

3 Schreibe mit den Adjektiven in der Mehrstufe Vergleiche in dein Heft.
Schreibe so: Meine Geschichte ist lustiger als …

 → SB S. 105

Sachzusammenhänge aufschreiben
Piraten

Maro möchte für die Klassenzeitung einen Beitrag über Piraten schreiben.
Er hat bereits wichtige Informationen in einem Cluster zusammengetragen:

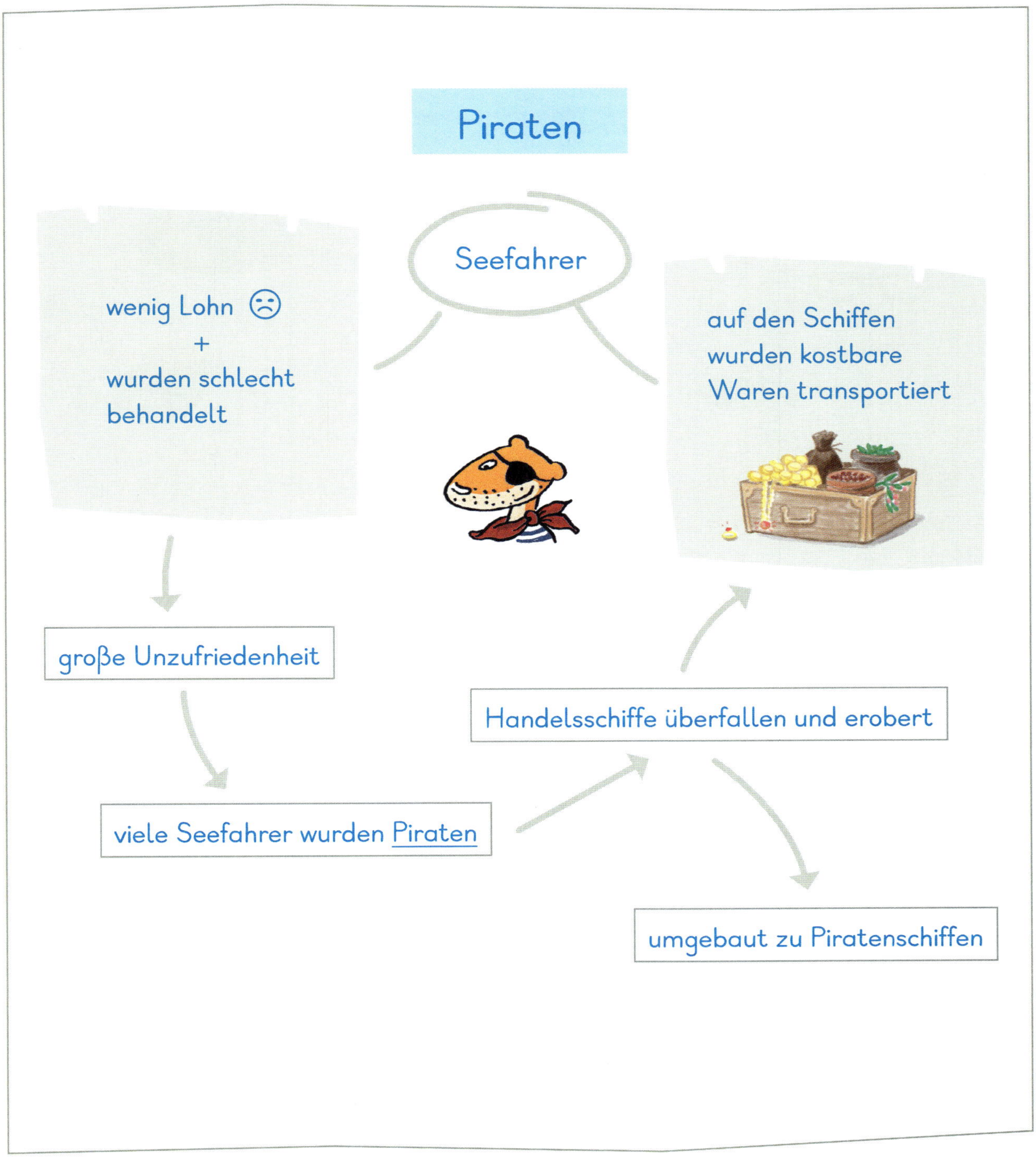

- **1** Ergänze Maros Entwurf mit weiteren Informationen aus Büchern und dem Internet.
- **2** Vergleicht und überarbeitet eure Cluster.
- **3** Schreibe mithilfe des Clusters einen sachlichen Text über Piraten.
- **4** Überarbeitet euren Text in einer Schreibkonferenz.

Wortfamilie

Verwandte Wörter haben ein gleiches oder ähnliches Wortteil: den **Wortstamm**.
Alle Wörter mit diesem Wortstamm bilden eine **Wortfamilie**.

Rund ums Lesen

1 Setze das Verb **lesen** mit den folgenden Bildern zu sinnvollen Nomen zusammen. Schreibe sie mit Artikel auf.

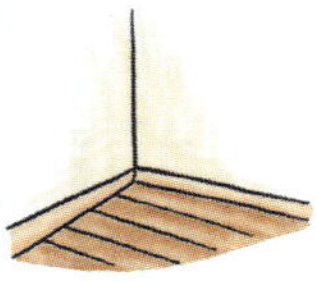

lesen

2 Bilde aus den Wortbausteinen möglichst viele sinnvolle Wörter mit dem Wortstamm **les**. Beachte die Großschreibung bei Nomen.

les

bar | be | keit | er | ung | ab | wert

en | lich | un | vor | ge | nach

3 Bilde mit dem Wortbaustein **fahr** möglichst viele sinnvolle Wörter. Schreibe sie in dein Lerntagebuch.

→ SB S. 108

Einen Sachtext schreiben

So schreibst du einen Sachtext:
- Finde eine passende Überschrift.
- Bringe deine Informationen in eine sinnvolle Reihenfolge.
- Schreibe in einem sachlichen Stil: keine wörtliche Rede, keine Gefühle.

Wie ein Film entsteht

Verwende unterschiedliche Satzanfänge.

So entsteht ein Film

- ☐ Vorlage für den Film (Drehbuch)
- ☐ Idee oder Textvorlage
- ☐ In **Castings** werden Schauspieler ausgesucht
- ☐ **Kostümbildner** sind für das Aussehen der Schauspieler zuständig
- ☐ Regisseur leitet die Verfilmung
- ☐ Kameraleute nehmen nach Anweisung einzelne Filmszenen auf
- ☐ Cutter schneiden am Ende das Filmmaterial zusammen
- ☐ Tontechniker fügen Musik und Geräusche ein

1 Klärt die fett gedruckten Wörter. Notiert deren Bedeutung.

Kostümbildner: ______________________

____

Casting: ______________________

____

2 Ordnet alle Informationen sinnvoll. Nummeriert sie im Cluster.

3 Schreibe mithilfe des Clusters einen Sachtext. Verwende dabei Fachbegriffe.

4 Überarbeitet euren Sachtext in einer Schreibkonferenz.

→ SB S. 109

Satzglieder umstellen

Michis neues Smartphone

Michi hat ein Smartphone bekommen.
Er überprüft gleich alle Einstellungen.
Er ruft als Erstes seine Oma an.
Er schickt anschließend seinem besten Freund eine Nachricht.
Er macht zum Schluss mit der Kamera ein lustiges Selfie
von sich und seinen Eltern.

1 Schreibe den Text abwechslungsreicher, indem du die Satzglieder umstellst.

2 Stelle folgenden Satz sinnvoll um.
Notiere mindestens drei verschiedene Möglichkeiten.

Ich	höre	am	liebsten	den	ganzen	Tag	Musik	im	Radio.

3 Welche Wortgruppen bleiben beim Umstellen immer zusammen?
Kreise sie ein.

→ SB S. 110

Satzglieder ergänzen
Viele Medien

1 Ergänze die Satzanfänge mit den fehlenden Satzgliedern sinnvoll. Verbinde.

Meine Eltern steuern die Heizung ...

... Zeitung.

Ich benötige ein Passwort ...

... auf meinem E-Book-Reader.

... mithilfe einer App.

Im Moment lese ich ein digitales Buch ...

... jeden Tag ...

... in unserer Wohnung ...

... für meinen Computer.

Meine große Schwester liest zum Frühstück ...

2 Erweitere die Sätze sinnvoll mit passenden Satzgliedern.
Notiere die Sätze in dein Heft.

mit Smartphones | am Monatsende | mit Internetanschluss | ohne Kabel

mit einem Mobilfunkanbieter | an fast allen Orten | mit der Rechnung

Smartphones sind Telefone ...

Die Leute telefonieren ...

Viele Smartphonebesitzer haben einen Vertrag ...

Unbekannte Wörter klären

So klärst du unbekannte Wörter:
- Prüfe, ob du im Textzusammenhang eine Erklärung findest.
- Frage eine andere Person: Kind, Lehrkraft, Eltern, Fachkraft ...
- Schlage im Wörterbuch oder Lexikon nach.
- Suche mit einem Erwachsenen im Internet.

Das Internet

Im Internet kann man viele Informationen finden. Das Wort „inter“ kommt aus dem Lateinischen und bedeutet „zwischen“ oder auch „verbunden“. Das englische Wort „net“ heißt „Netz“. Seit 1969 existiert ein Datennetz zwischen Computern. Aber erst durch verbesserte Verbindungsmöglichkeiten mit Satelliten, Glasfaserkabel oder Funk wurde es möglich, die Computer sehr vieler Menschen weltweit zu verbinden.
Um eine bestimmte Information im Internet zu erhalten, muss man die jeweilige Internetadresse am Computer eingeben. Dann öffnet sich die Homepage mit dem gesuchten Inhalt. Kennt man die Internetadresse nicht, kann man den Suchbegriff in eine Suchmaschine eingeben und bekommt Vorschläge für passende Homepages.

1 Kläre die Bedeutung folgender Wörter. Notiere.

Satellit: ____________________

____

Homepage: ____________________

____

2 Gibt es weitere Wörter, deren Bedeutung du nicht genau weißt? Kläre sie mit einem anderen Kind.

3 Erstelle ein Cluster zum Thema „Internet“.

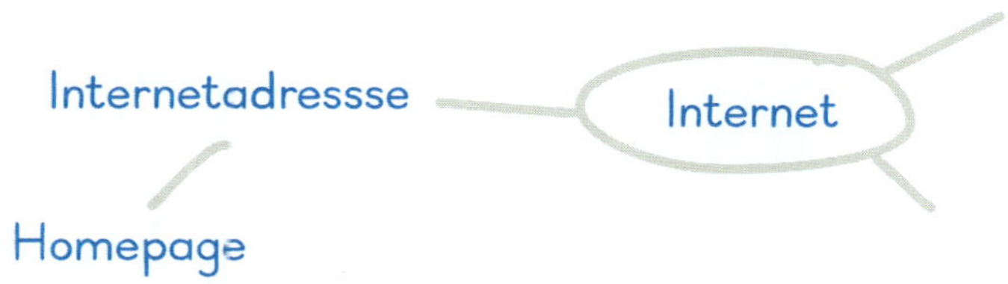

 → SB S. 122

Fachbegriffe Sprache

Adjektiv	Adjektive sagen, **wie** Menschen, Tiere, Pflanzen und Dinge sind. Adjektive schreibst du klein.
Alphabet	Das Alphabet oder ABC besteht aus 26 Buchstaben.
Anführungs-zeichen	Die wörtliche Rede wird von ihnen eingerahmt (**„…“**).
Artikel	Sie stehen vor einem Nomen (Substantiv)(**der** Mann, **die** Frau, **das** Kind/**ein** Mann, **eine** Frau, **ein** Kind).
Aufforderungs-satz	Sätze, in denen man jemanden auffordert etwas zu tun, heißen Aufforderungssätze. Am Ende steht in der Regel ein Ausrufezeichen (**!**).
Ausruf	Sätze, in denen jemand etwas ausruft, heißen Ausrufe. Am Ende steht ein Ausrufezeichen (**!**).
Aussagesatz	Die meisten Sätze sind Aussagesätze. Am Ende steht ein Punkt (**.**).
Buchstabe	Laute, die du in einem Wort hörst, schreibst du als Buchstaben auf. Es gibt Großbuchstaben (E) und Kleinbuchstaben (e).
Doppelpunkt	Den Doppelpunkt (**:**) verwendest du häufig vor Aufzählungen. Bei vorangestelltem Begleitsatz steht er vor der wörtlichen Rede.
Einzahl (Singular)	Nomen (Substantive) können in der **Einzahl** (der Hase, die Blume) oder in der **Mehrzahl (Plural)** (die Hasen, die Blumen) stehen.
Endung	Endungen wie z. B. **-ung** sind nachgestellte Wortbausteine.
Fragesatz	Wenn du etwas wissen willst, stellst du Fragen. Am Ende eines Fragesatzes steht ein Fragezeichen (**?**).
Futur	Die Zeitform Futur zeigt an, dass etwas später passieren wird.
Grundform	Verben und Adjektive stehen in der Wörterliste und im Wörterbuch in der Grundform.
Grundstufe	Adjektive stehen in der Wörterliste und im Wörterbuch in der Grundform. Sie heißt bei Adjektiven auch Grundstufe.
Hilfsverb	Die Hilfsverben **haben**, **sein** und **werden** bilden zusammen mit einem Verb die Zeitformen Perfekt und Futur.
Konsonant (Mitlaut)	Laut, bei dem ein Vokal (Selbstlaut) mitklingt (z.B. **ka**/**de**/**em**).

Laut	Wenn ein Buchstabe (z. B. a, b) oder mehrere Buchstaben (sch, ch) gesprochen werden, so sind dies Laute. Buchstaben kann man sehen, Laute kann man hören.
Mehrzahl (Plural)	→ siehe Einzahl (Singular)
Nachsilbe	Nachgestellte Wortbausteine wie z. B. **-nis** oder **-keit** heißen Nachsilben.
Nomen (Substantiv)	Menschen, Tiere, Pflanzen und Dinge haben Namen. Nomen schreibst du immer groß. Sie können in der Einzahl und in der Mehrzahl stehen.
Perfekt	Das Verb im Perfekt zeigt an, dass etwas bereits stattgefunden hat. Es wird vor allem beim mündlichen Erzählen verwendet.
Personalform	Verben werden in verschiedenen Personalformen verwendet. Mit den Personalpronomen **ich**, **du**, **er**, **sie**, **es**, **wir**, **ihr**, **sie** verändert sich die Endung des Verbs.
Präsens	Das Verb im Präsens gibt an, dass etwas in der Gegenwart stattfindet.
Präteritum	Das Verb im Präteritum zeigt an, dass etwas in der Vergangenheit stattgefunden hat. Du benutzt es meist beim Schreiben von Geschichten.
Pronomen	Nomen (Substantive) können durch Pronomen ersetzt werden. Pronomen sind **ich**, **du**, **er**, **sie**, **es**, **wir**, **ihr**, **sie**.
Satz	Ein Satz besteht aus mehreren Wörtern, die gemeinsam einen Sinn ergeben. Satzanfänge schreibst du groß.
Satzglied	Ein Satz setzt sich aus Satzgliedern zusammen. Sie bestehen aus einem Wort oder mehreren Wörtern. Beim Umstellen eines Satzes bleiben die Wörter eines Satzgliedes immer zusammen.
Satzzeichen	Die Satzzeichen Punkt (**.**), Fragezeichen (**?**) oder Ausrufezeichen (**!**) beenden einen Satz. Es gibt auch Satzzeichen, die einen Satz gliedern, z. B. Doppelpunkt (**:**) oder Komma (**,**).
Silbe	Wörter bestehen aus **Silben**. In jeder Silbe steht mindestens ein Vokal oder Umlaut oder Zwielaut.
Steigerungsstufen	Adjektive kannst du steigern. Die Steigerungsstufen heißen **Mehrstufe** und **Meiststufe**.

Zur ISBN: 978-3-12-300612-8 Piri 3 Arbeitsheft, Fachbegriffe Sprache

Strategie	Eine Strategie ist ein Vorgehen, das dir hilft ein bestimmtes Ziel zu erreichen. Rechtschreibstrategien helfen dir beim richtigen Schreiben.
Umlaut	Ä, ö, ü heißen **Umlaute**. Sie sind veränderte Vokale.
Verb	Verben drücken aus, was Menschen, Tiere, Pflanzen und Dinge tun. Verben schreibst du immer klein.
Vokal (Selbstlaut)	A, e, i, o, u heißen **Vokale**. Sie klingen beim Sprechen selbst. Vokale können kurz oder lang gesprochen werden.
Vorsilbe	Vorsilben sind vorangestellte Wortbausteine.
wörtliche Rede	Was in Texten gesagt wird, heißt wörtliche Rede.
Wortart	Adjektive, Nomen und Verben gehören zu den Wortarten.
Wortbaustein	Wörter bestehen aus Wortbausteinen. Mit vorangestellten oder nachgestellten Wortbausteinen kannst du neue Wörter bilden. Ein wichtiger Wortbaustein ist der Wortstamm (**ver**-**lauf**-**en**).
Wortfamilie	Verwandte Wörter bilden eine Wortfamilie.
Wortfeld	Wörter mit gleicher oder ähnlicher Bedeutung bilden ein Wortfeld.
Wortstamm	Jedes Wort hat einen Wortstamm. Wörter mit gleichem Wortstamm nennt man verwandte Wörter (**Les**ebuch – vor**les**en).
Zeitformen	Präsens, Präteritum, Perfekt und Futur sind Zeitformen.
Zwielaut	Au, ei, eu und äu sind **Zwielaute** (Diphthonge).

Fachbegriffe Lesen

Absatz	Ein Absatz ist ein zusammenhängendes Textstück. Nach einer Unterbrechung wird in einer neuen Zeile weitergeschrieben. Ein Text kann aus mehreren Absätzen bestehen.
Autorin/Autor	Person, die sich einen Text ausdenkt und schreibt. Sie heißt auch Schriftstellerin und Schriftsteller.

Blog	Ein öffentliches Tagebuch im Internet nennt man Blog.
Buchillustration	Bilder in Büchern nennt man Illustrationen.
E-Book	E-Books sind elektronische Bücher, die z. B. auf Tablets oder E-Book-Readern gelesen werden können.
Einband	Der Umschlag oder auch die Umschlagklappe eines Buches heißt Einband. Auf diesem ist z. B. der Titel zu lesen. Er schützt das Buch und hält die Seiten zusammen.
Fußnote	Die Fußnote ist eine Anmerkung zu einem Wort, einer Wortgruppe oder einem Satz im Text. Sie steht unter dem Text.
Inhalts-verzeichnis	Im Inhaltsverzeichnis stehen die Kapitelüberschriften und dazugehörigen Seitenzahlen.
Kapitel	Bücher bestehen oft aus mehreren Kapiteln. Jedes Kapitel hat meist ein anderes Thema.
Klappentext	Er steht meist auf der Umschlagklappe oder auf der Rückseite eines Buches. Der Text fasst den Inhalt kurz zusammen.
Recherche/ recherchieren	Wer sich über etwas genau informiert, recherchiert oder führt eine Recherche durch.
Reim	Wörter mit ähnlichem Klang reimen sich oftmals (z. B. alt – kalt).
Rondell	Ein Rondell ist eine spezielle Gedichtform mit acht Verszeilen.
Spalte	Texte können auf einer Seite in mehrere Spalten aufgeteilt sein. Die Spalten stehen nebeneinander. Texte in Zeitungen und Zeitschriften sind meist in Spalten angeordnet.
Strophe	Ein Abschnitt in einem Lied oder in einem Gedicht heißt Strophe. Sie besteht aus mehreren Versen.
Textarten	Textarten sind z. B. Sachtexte, Briefe, Comics, Erzählungen, Gedichte.
Titel	Bücher haben einen Namen. Dieser Name ist so etwas wie die Überschrift.
Überschrift	Die Überschrift steht über einem Text und soll neugierig machen.
Verlag	In einem Verlag werden z. B. Zeitschriften und Bücher geschrieben und erstellt.
Vers	Die einzelnen Zeilen eines Gedichtes heißen Verse.
Zeile	Eine Reihe von Wörtern in einem Text heißt Zeile.

Zur ISBN: 978-3-12-300612-8 Piri 3 Arbeitsheft, Fachbegriffe Lesen

Fragen zu einem Text formulieren

So formulierst du Fragen zu einem Text:
Überlege:
- Worüber informiert mich der Text?
- Wie werden die Aussagen im Text begründet?
- Will der Text mich überzeugen oder zum Nachdenken anregen?

Stelle zuerst Fragen, die du mithilfe des Textes leicht beantworten kannst.

Finde mindestens eine Frage, die du durch Nachdenken oder weiteres Recherchieren beantworten kannst.

Pressefreiheit
Der Begriff „Presse" leitet sich von der Druckerpresse ab, die früher zum Drucken von Zeitungen, Zeitschriften und Büchern verwendet wurde.
Heutzutage versteht man unter Presse alle öffentlichen Medien.
Dazu gehören auch elektronische Medien wie zum Beispiel Radio, Fernsehen und Internet. Täglich berichtet die Presse über Nachrichten aus der ganzen Welt, über Sportereignisse oder das Wetter der nächsten Tage.

Pressefreiheit bedeutet, dass Journalisten frei ihre Meinung sagen und schreiben dürfen. Das Recht der freien Meinungsäußerung gehört zu unseren Grundrechten. Es darf allerdings niemand beschädigt oder beleidigt werden.
Die persönliche Ehre der Menschen muss stets geachtet werden. Es gibt viele Länder, in denen keine Pressefreiheit herrscht. Hier kontrolliert die Regierung Beiträge in Zeitungen und anderen Medien. Die Presse darf nur das veröffentlichen, was die Regierung erlaubt.

1 Unterstreiche unbekannte Wörter. Kläre sie.

2 Woher stammt der Begriff „Presse"? Tauscht euch aus.

3 Schreibe eine weitere Frage auf, deren Antwort du im Text finden kannst.

4 Überlege dir eine Frage, die man nur durch Nachdenken oder weiteres Recherchieren beantworten kann. Notiere sie.

5 Stellt euch eure Fragen gegenseitig. Recherchiert und tauscht euch aus.

→ SB S. 123

Lernwörter-Check

8

das Handy – die Handys die Zeitung – die Zeitungen
die Straße – die Straßen wahr die Familie – die Familien zehn
fahren – fährt – fuhren ein – einem – einen ihr – ihre – ihrem – ihren

9

lang – länger reich – reicher schlecht – schlechter rund – runder
schreiben – schreibt – schrieben die Skizze – die Skizzen
die Seite – die Seiten am – an helfen – hilft – halfen im – in warum

10

gehen – geht – gingen die Woche – die Wochen zuletzt
neben sitzen – sitzt – saßen bis die Sache – die Sachen dort
kein – keinem – keinen hin

○ **1** Lass dir die Lernwörter der Wörterkisten 8, 9 und 10 diktieren.

◒ **2** Kontrolliere. Verbessere Fehler.

○ **3** Welche Lernwörter waren schwierig für dich? Markiere sie in den Wörterkisten.

● **4** Bereite dich mithilfe des roten Fadens auf ein Lerngespräch vor.
Überlege und kreuze an:

Wie sicher konntest du deine Lernwörter schreiben? Schätze dich ein.

Welche Strategien helfen dir, die schwierigen Wörter richtig zu schreiben? Begründe.

Wie möchtest du weiterüben? Erkläre.

● **5** Führt ein Lerngespräch.
Verwendet den roten Faden und tauscht euch aus.

◒ **6** Ergänze deine Wörterkartei.
Nimm Wörter auf, die du in diesem Kapitel falsch geschrieben hast oder die dir besonders wichtig sind. Übe sie.

S. 12–13

Bist du fit?

1 Setze ein: Vokal und **h** oder Vokal ohne **h**.

Die W____l ist entschieden. – Ein W____l ist ein riesiges Säugetier.

Lotta m____lt ein Bild. – Eine Mühle m____lt Getreide.

Die B____n ist ein Verkehrsmittel. – Der Zauberer spricht einen B____nn aus.

2 Finde Wörter aus der Wortfamilie **fliegen**. Schreibe sie auf.

3 Ergänze folgende Sätze mit weiteren Satzgliedern. Notiere.

Peter läuft. Maria spielt.

4 Schreibe den Text abwechslungsreicher, indem du die Satzglieder umstellst.

Am Wochenende macht bei Anna daheim jeder etwas anderes.
Im Radio hört Mutter ein Klavierkonzert. Im Fernsehen verfolgt der Vater ein Fußballspiel. In ihrer Kuschelecke liest Anna ein dickes Buch.

Wörter mit tz

Hörst du in einem Wort einen ts-Laut, schreibst du meist **z** oder **tz**.
Du schreibst **z**, wenn vor dem ts-Laut ein Konsonant (Mitlaut) oder ein Zwielaut steht: Wur**z**el, rei**z**en.
Du schreibst **tz**, wenn vor dem ts-Laut ein einzelner kurzer Vokal (Selbstlaut) oder Umlaut steht: Ka**tz**e, schü**tz**en.
Am Wortanfang steht nie **tz**. Wörter mit **tz** werden meist zwischen den beiden Buchstaben getrennt: Ka**t**-**z**e, schü**t**-**z**en.

○ **1** Setze die Wörter mit **tz** richtig ein.

Die ________ hält schon viele Wochen an.

Auch die Löwen ________.

Jeden Tag ________ der Wärter Wasser in das Gehege.

Es entstehen kleine ________ auf dem Boden.

Die Löwen gehen mit ihren ________ hindurch.

schwitzen | spritzt | Tatzen | Hitze | Pfützen

◒ **2** Schreibe mindestens sechs Wörter auf, die zur Wortfamilie **-schutz-** gehören.

____

____

◒ **3** Was fehlt: **z** oder **tz**? Schreibe die Wörter geordnet auf.

pu…en hei…en Spi…er kra…en gei…ig he…en Her…en

wi…ig tan…en bli…en Pil…e se…en kreu…en Gla…e

Wörter mit z: ________

____

Wörter mit tz: ________

____

◒ **4** Markiere in den Wörtern von Aufgabe 3 die Buchstaben, die dir bei deiner Entscheidung geholfen haben.

→ SB S. 132

Zusammengesetzte Adjektive

Aus einem Nomen (Substantiv) und einem Adjektiv kannst du ein **zusammengesetztes Adjektiv** bilden.
Mit einem zusammengesetzten Adjektiv beschreibst du besonders anschaulich:
die Butter, weich → so weich wie Butter → butterweich.
Diese Strategie hilft dir: **Wortbausteine**.

Katzenbabys

Omas Katze hat gerade Junge bekommen. Jetzt toben fünf hübsche Katzenbabys durch das Wohnzimmer. Auf dem glatten Boden rutschen sie immer wieder aus. Maro steht vor Aufregung ganz steif da. Oma gibt ihm ein weißes Kätzchen. Es ist ganz leicht und weich. Da springt ein graues Kätzchen schnell auf den Tisch. Die neue Blumenvase fällt um und zerbricht.

○ **1** Unterstreiche alle Adjektive im Text.

○ **2** Ordne die Adjektive aus dem Text den Bildern zu, sodass sinnvolle zusammengesetzte Adjektive entstehen.

◒ **3** Schreibe den Text mit den zusammengesetzten Adjektiven in dein Heft.

◒ **4** Bilde passende zusammengesetzte Adjektive. Schreibe sie auf.

Für Maro sind die Kätzchen so süß wie Zucker.

Aber ihre Krallen sind schon scharf wie Messer.

Das Katzenkörbchen ist so blau wie der Himmel.

→ SB S. 133

Strategie: Merken M

Bei einigen Wörtern gibt es für die schwierige Stelle keine Regel.
Dazu gehören Wörter mit **V/v**, mit **i** statt **ie**, mit **Dehnungs-h**, mit **ß**, mit **Y/y**, mit **ä** ohne verwandtes Wort mit **a**, mit **zz**, mit **dt**, mit **doppeltem Vokal**, mit **ks-Laut**.
Diese Strategie hilft dir: **Merken**.

1 Schreibe die Nomen zu den Bildern auf.

2 Markiere in den Wörtern von Aufgabe 1 gleiche Merkstellen mit der gleichen Farbe.

3 Schreibe mit jedem Wort einen Satz in dein Heft.

4 Setze passende Verben mit Dehnungs-h in die Sätze ein.

In den Ferien ______________ ich mit dem Zug zu meiner Oma.

Sie ______________ in einem kleinen Haus mit Garten.

Ich kann es kaum erwarten und ______________ schon die Tage.

Jeden Abend ______________ sie mir ein anderes Märchen.

5 Welche schwierige Stelle haben die Wörter **Stadt** und **verwandt**? Erkläre.

6 Kennst du weitere Wörter mit Merkstellen? Schreibe. Markiere die schwierigen Stellen.

→ SB S. 135

Verben im Präteritum und Perfekt

Das Verb im **Perfekt** zeigt an, dass etwas bereits stattgefunden hat.
Für diese Zeitform benötigst du die **Hilfsverben haben** und **sein**:
Er **hat** gearbeitet. Sie **sind** gelaufen.
Das Perfekt wird vor allem beim mündlichen Erzählen verwendet.

Lotta auf dem Bauernhof

Lotta verbringt das Wochenende auf einem Bauernhof. Sie erlebt viel.

Kühe füttern

Eier aus dem Hühnerstall holen

Kaninchen streicheln

○ 1 Markiere alle Verben farbig.

◒ 2 Was erzählt Lotta am Montag in der Schule? Schreibe im Perfekt.

Am Wochenende bin ich

○ 3 Unterstreiche alle Verben.

◒ 4 Übertrage Lottas Text ins Präteritum. Schreibe.

Am Wochenende

○ 5 Unterstreiche alle Verben.

→ SB S. 136

Eine Person beschreiben (1)

Tierische Verbrecher

○ **1** Lies alle Hinweise.

Der Geier ist Verkäufer.

Der Verbrecher mit den braunen Haaren hält einen Sack in der Hand.

Der Bäcker hat einen Rucksack.

Die Schlange steht zwischen zwei Männern.

Die Jacke mit der Nummer 7 ist grün.

Neben dem Wolf steht der Hai.

Der Mann ganz links trägt eine rote Jacke.

Der Hai steht ganz rechts.

Der Verkäufer trägt einen Hut.

Der Verbrecher, der rechts außen steht, trägt eine Kappe auf dem Kopf.

Die Jacke des Mannes mit dem Sack ist blau.

Eine Jacke ist gelb.

Die Person mit den schwarzen Haaren arbeitet in einer Schneiderei.

Der Mann mit den braunen Haaren ist Koch.

◒ **2** Trage nun die Informationen in die Tabelle ein.
Male die Verbrecher richtig an und ergänze die Bilder.
Streiche die Sätze durch, die du schon verwendet hast.

tierischer Name:				
Beruf:				

◒ **3** Vergleicht eure Ergebnisse.

→ SB S. 138, 139

Eine Person beschreiben (2)

Peter, der Falkner

Peter Bruckner ist 39 Jahre alt und lebt im Thüringer Wald. Er hat einen besonderen Beruf: Falkner. Das bedeutet, er trainiert Raubvögel wie Falken oder Bussarde für die Jagd. In einem Wildpark zeigt der 1,90 m große Mann mit den blauen Augen den Besuchern täglich das Können seiner Vögel in einer Flugschau. Zu seiner Ausrüstung gehört ein langer hellbrauner Lederhandschuh. Peter trägt ihn am linken Arm. Eine kleine dunkelbraune Tasche ist an seinem Gürtel befestigt. Darin sind Fleischstücke, mit denen er die Vögel belohnt.

○ **1** Welche Informationen aus dem Text kannst du für eine Personenbeschreibung verwenden? Markiere.

◒ **2** Betrachtet das Bild von Peter Bruckner genau. Merkt euch so viele Einzelheiten wie möglich. Deckt das Bild dann ab. Beschreibt euch nun gegenseitig, wie der Falkner aussieht.

◒ **3** Fülle den Steckbrief für den Falkner aus. Der Text und das Bild helfen dir.

Name: ________________ Beruf: ________________

Kleidung: ________________

____

____

____

____

____

◒ **4** Verfasse eine Personenbeschreibung von einer Person, die du kennst.

→ SB S. 138, 139

Zeitform Futur

Die Zeitform **Futur** zeigt an, dass etwas in der Zukunft passieren wird.
Du bildest sie mit dem **Hilfsverb werden** und einem **Verb in der Grundform**:
Weniger Pflanzen **werden wachsen**. Es **wird** keinen Honig mehr **geben**.

- alle Tiere füttern
- Käfige säubern
- Regale auffüllen
- Bestellungen erledigen
- Laden aufsperren

Frau Fröhlich ist Besitzerin einer Zoohandlung. Leider vergisst sie immer, was sie alles zu erledigen hat. Deshalb hat sie sich einen Merkzettel geschrieben.

1 Schreibe in der Zeitform Futur auf, was Frau Fröhlich erledigen wird.

Sie wird

2 Unterstreiche in den Sätzen von Aufgabe 1 die Form von **werden** und das Verb in der Grundform.

3 Ergänze die Tabelle.

Grundform	Präteritum	Futur
holen		
	er las	
		er wird laufen
	er war	
haben		

→ SB S. 140

Wörter mit ck

Der Vokal (Selbstlaut) oder Umlaut vor **ck** klingt kurz wie in einer geschlossenen Silbe. Denn eigentlich ist **ck** ein doppelter Konsonant (Mitlaut). Statt **kk** schreibst du aber **ck**. Diese Strategie hilft dir: **Silben schwingen**. Achtung! Beim Trennen bleibt **ck** immer zusammen: Schne-**cke**.

○ **1** Setze **ck** oder **k** richtig ein. Schreibe die Wörter geordnet auf.

So___en   par___en   Gur___e   pa___en   lo___er   ha___en

schme___en   hin___en   Glo___e   za___ig   Brü___e

Wörter mit ck: ______________________________

____

Wörter mit k: ______________________________

____

○ **2** Schreibe den Text richtig in dein Heft. Kontrolliere genau.

Wo ist die Schnecke?
Tim tkcedtne die ekcenhcS.
Sie kriecht durch eine ekcüL in der ekceH.
Will sie kcüruz zum rekcA?
Für diese ekcertS braucht sie rekcol eine Stunde.
Zum kcülG kommt kein Auto um die ekcE.

◒ **3** Unterstreiche alle Wörter mit **ck**.

◒ **4** Schreibe die Wörter mit **ck** in Silben getrennt auf.

____

____

____

____

→ SB S. 142

Genau lesen

Die Weinbergschnecke

Die Weinbergschnecke ist die größte Landschnecke in Europa. Ihr Schneckenhaus erreicht einen Durchmesser von bis zu 5 cm. Den sichtbaren weichen Teil der Schnecke, der aus dem Gehäuse herausragt, nennt man Fuß. Sie kriecht langsam auf der Sohle des Fußes voran, wobei sie eine feuchte Schleimspur hinterlässt. Sie kommt in einer Stunde nur etwa vier Meter voran. Dabei streckt sie ihre vier Fühler aus: Auf den beiden größeren Fühlern oben sitzt je ein Auge. Mit den zwei kleineren Fühlern tastet und riecht sie. Die Schnecke zieht sich bei Gefahr und großer Kälte in ihr Haus zurück. Im Herbst bildet sie einen festen Deckel aus Kalk, der das Haus von innen verschließt. So überwintert sie gut geschützt.

1 Kreuze die richtigen Antworten an und unterstreiche die passenden Textstellen. Die zugehörigen Buchstaben ergänzen das Lösungswort.

Wie groß wird das Schneckenhaus?

bis zu 5 mm ☐ (o) bis zu 5 cm ☐ (t) bis zu 5 m ☐ (n)

Wie nennt man den sichtbaren weichen Teil der Schnecke?

Fuß ☐ (u) Zeh ☐ (a) Bein ☐ (i)

Wie weit kommt die Schnecke in einer Stunde?

etwa 2 Meter ☐ (s) etwa 4 Meter ☐ (r) etwa 8 Meter ☐ (t)

Wie viele Fühler hat die Schnecke?

2 ☐ (m) 3 ☐ (n) 4 ☐ (s)

Wo sitzt das Auge der Schnecke?

auf den kleinen Fühlern ☐ (g) auf den großen Fühlern ☐ (c) am Fuß ☐ (k)

Womit riecht die Schnecke?

mit den kleinen Fühlern ☐ (h) mit den großen Fühlern ☐ (s) mit dem Fuß ☐ (j)

Woraus besteht der Deckel, mit dem die Schnecke im Herbst ihr Haus verschließt?

Kalium ☐ (o) Kohle ☐ (i) Kalk ☐ (u)

Die Weinbergschnecke steht unter Na __ __ __ __ __ __ __ tz.

→ SB S. 142

Ein Diagramm verstehen
Menschenaffen

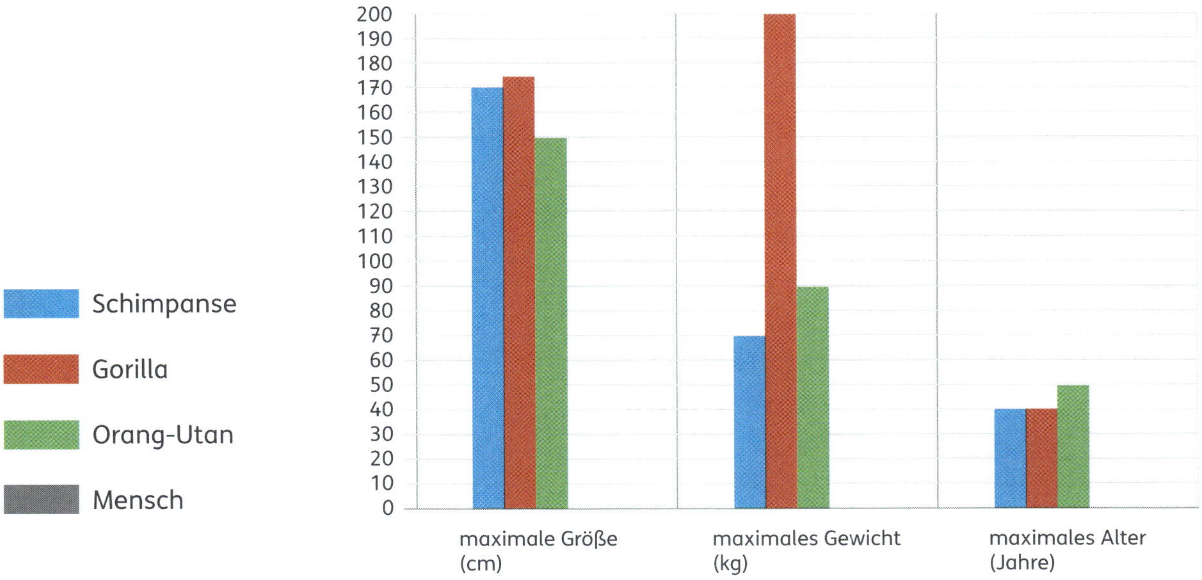

○ **1** Welche drei Affenarten werden im Diagramm verglichen?

○ **2** Welche Merkmale stellen die Säulen dar?

◒ **3** Kreuze die richtigen Aussagen an. Vergleicht eure Lösungen.

- ☐ Gorillas werden durchschnittlich am größten.
- ☐ Orang-Utans sind durchschnittlich am leichtesten.
- ☐ Gorillas und Schimpansen werden gleich alt.
- ☐ Schimpansen werden bis zu 150 cm groß.
- ☐ Schimpansen sind leichter als Orang-Utans.
- ☐ Orang-Utans werden bis zu 50 Jahre alt.

○ **4** Lies die gesuchten Angaben im Diagramm ab. Trage sie ein.

Maximale Größe eines Schimpansen: ______________________

Maximales Gewicht eines Gorillas: ______________________

◒ **5** Ergänze in der Tabelle zu jedem Merkmal eine Säule mit der durchschnittlichen Angabe für den Menschen. Verwende dazu einen Bleistift und ein Lineal.

Größe: 180 cm | Gewicht: 80 kg | Alter: 80 Jahre

→ SB S. 145

Lernwörter-Check

11

der Platz – die Plätze   die Pfütze – die Pfützen   genau
schützen – schützt – schützte   der Mensch – die Menschen
werden – wird   die Tasche – die Taschen   der Boden – die Böden
jede – jedem – jeden   halten – hält – hielten

12

das Stück – die Stücke   verstecken – versteckt – versteckte   zurück
der Hals – die Hälse   die Erde – die Erden   die Maschine – die Maschinen
die Pizza – die Pizzen/Pizzas   der Tiger – die Tiger   das Haar – die Haare
der Schreck – die Schrecke   der Käfer – die Käfer   die Stadt – die Städte

○ **1** Lass dir die Lernwörter der Wörterkisten 11 und 12 diktieren.

◒ **2** Kontrolliere. Verbessere Fehler.

○ **3** Welche Lernwörter waren schwierig für dich? Markiere sie in den Wörterkisten.

● **4** Bereite dich mithilfe des roten Fadens auf ein Lerngespräch vor.
Überlege und kreuze an:

Wie sicher konntest du deine Lernwörter schreiben? Schätze dich ein.

Welche Strategien helfen dir, die schwierigen Wörter richtig zu schreiben? Begründe.

Wie möchtest du weiterüben? Erkläre.

● **5** Führt ein Lerngespräch.
Verwendet den roten Faden und tauscht euch aus.

◒ **6** Ergänze deine Wörterkartei.
Nimm Wörter auf, die du in diesem Kapitel falsch geschrieben hast oder die dir besonders wichtig sind. Übe sie.

S. 13–17

Bist du fit?

1 Ergänze den Merksatz zum ts-Laut. Nenne jeweils ein Beispiel.

Ich schreibe **z**, wenn vor dem ts-Laut ein ______ oder ein ______ steht.

Beispiel: ______

Ich schreibe **tz**, wenn vor dem ts-Laut ein ______ oder ein ______ steht. Beispiel: ______

2 Bilde sinnvolle zusammengesetzte Adjektive. Schreibe sie auf.

  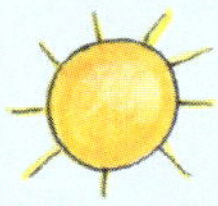

gelb | kalt | weich

______

______

3 Schreibe drei Wörter mit unterschiedlichen Merkstellen auf.

______

4 Trage die fehlenden Zeitformen in die Tabelle ein.

Präsens	ich lache	er läuft
Präteritum	ich	er
Perfekt	ich	er
Futur	ich	er

5 Setze **k** oder **ck** richtig ein.

De___el | win___en | glü___lich | wi___eln | par___en

Gemeinsamkeiten und Unterschiede von Sprachen

Französisch für Anfänger

○ **1** Setze die Wörter richtig ein.

Ein ____________ schneidet die Haare.

Pfannkuchen heißen in Frankreich ____________.

Der Käse mit der weißen Rinde heißt ____________.

Ein ____________ ist ein süßer Nachtisch.

Das duftende Wasser in kleinen Fläschchen heißt ____________.

Im Zirkus tanzen die Stars in der ____________.

Im Fasching trage ich ein ____________.

Zum Fußballspielen braucht jeder Spieler ein ____________.

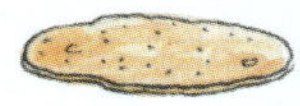

Kostüm | Manege | Camembert | Friseur | Trikot | Parfüm | Dessert | Crêpes

○ **2** Schreibe die Wörter aus Aufgabe 1 in die Tabelle.

● **3** Wie werden die Wörter auf Französisch geschrieben?
Recherchiere in einem Online-Wörterbuch. Ergänze die Wörter in der Tabelle.

Deutsch	Französisch

◒ **4** Vergleicht die Schreibung der deutschen mit der Schreibung der französischen Wörter. Was fällt euch auf? Tauscht euch aus.

✻ **5** Sammelt weitere Wörter aus anderen Sprachen auf Plakaten.

Briefe schreiben

○ **1** Unterstreiche in der passenden Farbe.

Neustadt, den 17. Juni 2021

Sehr geehrter Herr Meier,

vielen Dank für Ihre Spende zu unserer Fahrt ins Schullandheim. Mit dem Geld konnten wir noch einen zusätzlichen Ausflug machen. Wir bedanken uns auch im Namen unserer Lehrerin bei Ihnen.

Mit freundlichen Grüßen
Ihre Klasse 3a

Anrede

Anrede-pronomen

Schluss-formel

Neustadt, 17.6.2021

Hallo Marie,

wie geht es dir? Schade, dass du nicht bei der Klassenfahrt dabei sein konntest. Wir haben dich vermisst. Es hätte dir bestimmt gut gefallen. Hoffentlich bist du bald wieder gesund.

Liebe Grüße
deine Freundin Lena

◒ **2** Vergleicht die beiden Briefe. Was fällt euch auf?

◒ **3** Fülle die Tabelle aus.

	höflich	freundschaftlich
Anrede		
Anrede-pronomen		
Schluss-formel		

● **4** Was passt hier nicht? Schreibe den Brief richtig gegliedert und gut lesbar auf.

Altenstadt, 20.6.2021 Liebe Oma,
kommst du zu meinem Geburtstag
am Samstag? Das wäre toll.
Papa kann dich abholen. Schöne
Grüße dein Tim P.S. Ich freu
mich schon so.

→ SB S. 163

Präteritum und Perfekt (1)

○ **1** Unterstreiche die Verben.

Paul turnt gerne im Garten. Marie malt am liebsten mit Wasserfarben. Beide lachen gerne.

○ **2** Trage die fehlenden Verbformen in die Tabelle ein.

malen	**Präsens**	**Präteritum**	**Perfekt**
ich			
du			
er, sie, es	malt		
wir			
ihr			
sie			

turnen	**Präsens**	**Präteritum**	**Perfekt**
ich			
du			
er, sie, es	turnt		
wir			
ihr			
sie			

◒ **3** Markiere den Wortstamm.

◒ **4** Was fällt euch auf? Tauscht euch aus.

◒ **5** Lege eine Tabelle für **lachen** an. Schreibe sie in dein Heft.

→ SB S. 165

Präteritum und Perfekt (2)

Annas Tagebucheintrag

Gestern machten Papa und ich eine tolle Wanderung. Mit unseren Wanderschuhen an den Füßen und einem kleinen Rucksack auf dem Rücken liefen wir auf einen Berg. Auf dem Weg nach oben trafen wir andere Wanderer, die wir immer freundlich grüßten. Beim Aufstieg hielten wir an einer Quelle und wuschen unsere Hände. Oben angekommen aßen wir leckere Butterbrote. Wir sonnten uns ein wenig. Dann gingen wir wieder hinunter ins Tal.

○ **1** Welche Zeitform benutzt Anna beim Schreiben? ____________________

◒ **2** Markiere alle Verben im Text.

◒ **3** Trage die Verben mit den Personalformen in die Tabelle ein.
Ergänze die Grundform und das Perfekt.

Grundform	Präteritum	Perfekt
machen	wir machten	wir haben gemacht

◒ **4** Markiere den Wortstamm. Was fällt dir auf?

◒ **5** Anna ruft ihre Freundin Elena an und berichtet von ihrem Erlebnis.
Spielt den Anruf nach. Verwendet das Perfekt.

→ SB S. 165

Merkwörter mit ß M / Wörter mit ss

Das **ß** steht nur nach einem lang gesprochenen Vokal, Umlaut oder Zwielaut:
Straße, Füße, draußen.
Diese Strategie hilft dir: **Merken**.

Das **ss** steht nach einem kurz gesprochenen Vokal oder Umlaut:
essen, müssen.

In der Schlossküche

An einem hei____en Tag besucht Paul mit seiner Schwester ein Schlo____. In der Schlo____küche steht ein alter, ru____iger Kamin. „Hier war es früher bestimmt mal sehr hei____, wenn das E____en gekocht wurde“, sagt Paul. Drau____en vor dem Schlo____ gibt es Springbrunnen, in denen kühles Wa____er spritzt. Wenn es hei____ ist, la____en sich die Kinder na____ spritzen. Au____erdem wei____ Elena, dass die Gärtner in dem gro____en Garten viel gie____en mü____en.

1 Setze **ß** oder **ss** ein. Wie gehst du vor? Begründe.

2 Vergleicht eure Ergebnisse. Tauscht euch aus.

3 Schreibe den Text im Perfekt in dein Heft.

4 Trage die Verben mit **ss** und **ß** im Präsens und im Präteritum ein.
Klingt der Vokal vor dem s-Laut kurz (•) oder lang (–)? Markiere.

Verb-Grundform	er-Form Präsens	er-Form Präteritum
lassen		
	er weiß	
gießen		
		er musste

5 Was fällt euch bei den Verben in Aufgabe 4 auf? Findet weitere Beispiele.

→ SB S. 166

Wörter mit b/p, d/t und g/k

Ob ein Wort mit **b** oder **p**, **d** oder **t**, **g** oder **k** geschrieben wird, hörst du, wenn du es verlängerst.
Nomen (Substantive): Bilde die Mehrzahl, z. B. Ta**g** – Ta**ge**.
Verben: Bilde die Grundform, z. B. gi**b** – ge**ben**.
Adjektive: Ergänze ein passendes Nomen, z. B. frem**d** – die frem**de** Frau.
Diese Strategie hilft dir: **Verlängern**.

1 Entscheide: **b** oder **p**, **d** oder **t**, **g** oder **k**?
Verlängere die Wörter.

Stran___ → ______ Käfi___ → ______
Pake___ → ______ star___ → ______
gel___ → ______ häl___ → ______
Ty___ → ______ We___ → ______

2 Ergänze im Text die fehlenden Buchstaben: **g/k**, **d/t**, **b/p**.

Gestern Aben___ war es kalt. Ich habe mit meinem Telesko___ den Mon___ und die Sterne betrachtet. Das ist mir sehr frem___. Ob dort jeman___ le___t? Es gibt ein Sternbil___, das heißt Hun___, lusti___, oder? Mein Opa ist schon al___, aber er weiß viel über die Wel___ und den Planeten Erde. Er ist sehr klu___. Oft sin___t er ein altes Lie___: Der Mon___ ist aufgegangen.

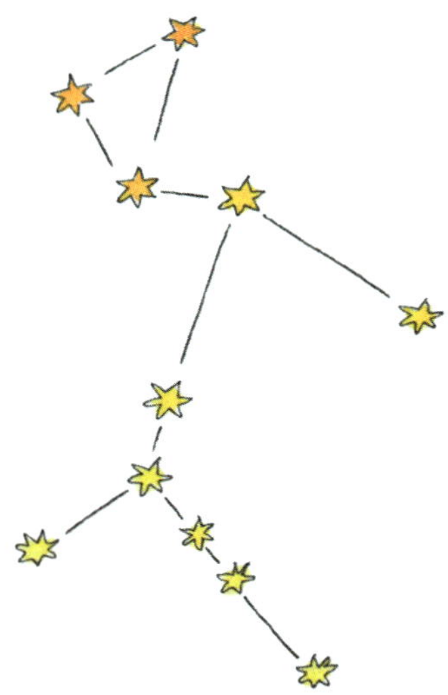

3 Übt den Text als Partnerdiktat.

4 Entscheide: **b** oder **p**, **d** oder **t**, **g** oder **k**?
Verlängere die Verben und entscheide, wie du schreibst.

er erlau___t	sie häl___	er flie___t	es le___t
sie hu___t	es wir___	sie par___t	er such___

5 Gestalte zur Strategie **Verlängern** eine Seite in deinem Lerntagebuch.

→ SB S. 167

Zusammengesetzte Wörter

Bei zusammengesetzten Wörtern können zwei oder drei gleiche Buchstaben an der Nahtstelle zusammentreffen. Du findest die richtige Schreibung, wenn du das Wort zerlegst: Atlanti**kk**üste = Atlanti**k** + **K**üste.
Diese Strategie hilft dir: **Wortbausteine**.

○ **1** Bilde zusammengesetzte Wörter.
Schreibe sie auf und markiere die gleichen Buchstaben an der Nahtstelle.

Ohr + Ring ______

Nuss + Schokolade ______

Telefon + Nummer ______

Ballett + Tänzerin ______

◒ **2** Kreise alle zusammengesetzten Wörter mit gleichen Buchstaben an der Nahtstelle im Text ein.

Die Klasse 3a hatte im Schullandheim jede Menge Spaß.
Am ersten Tag gestalteten die Kinder ein tolles Kunstwerk aus Krepppapier. Außerdem versteckten sich Maro und Mehmed unter ihren Betttüchern und spielten Gespenster.
Das fanden alle lustig. Am letzten Abend wickelten die Kinder Brotteig auf Holzstöcke und hielten diese über das Lagerfeuer.

◒ **3** Was passt zusammen?
Hier gibt es viele Möglichkeiten.
Verbinde.

auf	fangen
ver	suchen
aus	nähen
an	rechnen

◒ **4** Schreibe aus Aufgabe 3 die Verben mit gleichen Buchstaben an der Nahtstelle auf.

______

______

→ SB S. 170

Ein Rezept aufschreiben

Pizza Tomate-Mozzarella

1 Verbinde die Bilder mit dem passenden Text.

Backpapier auf das Backblech legen und Pizzateig ausrollen

15 bis 20 Minuten backen. Im Anschluss mit Basilikum garnieren

Tomaten und Mozzarella in Scheiben schneiden

Kochwerkzeug und Zutaten bereitstellen, Ofen auf 200°C vorheizen

Tomatensoße in eine Schüssel geben und mit Oregano, Salz und Pfeffer abschmecken

Tomatensoße auf dem Pizzateig verteilen

Tomaten- und Mozzarellascheiben verteilen

2 Schreibe passende Satzanfänge vor die Bilder.

Dann | Danach | Jetzt | Zu Beginn | Zum Schluss | Nun | Als Nächstes

3 Schreibe das Rezept in der richtigen Reihenfolge und in ganzen Sätzen auf. Verwende passende Satzanfänge.

4 Probiere das Rezept mit einem Erwachsenen aus.

Schreibe in dein Heft.

→ SB S. 173

Genau lesen
Schweden

Schweden liegt im Norden Europas. Es grenzt an die Länder Finnland und Norwegen. Über eine Brücke kann man auch nach Dänemark fahren.

Schweden ist ein großes Land mit nur 10,2 Millionen Einwohnern. In Deutschland leben im Vergleich achtmal so viele Menschen. Die meisten Menschen wohnen in den größeren Städten wie Stockholm und Göteborg.

Stockholm ist Schwedens Hauptstadt. Die Altstadt liegt auf einer Insel und heißt auf Schwedisch „Gamla stan“. Im Sommer besuchen viele Touristen diesen Stadtteil, weil es hier viele Cafés, Restaurants und Geschäfte gibt.

Bekannt ist Schweden aber auch für seine großen Wälder, seine zahlreichen Seen und Flüsse. Dort leben viele Wildtiere wie Elche, Hirsche und Wölfe. In Schweden sieht man im Straßenverkehr immer wieder ein besonderes Schild, denn gerade Elche können im Straßenverkehr zu einer Gefahr werden.

1 Was erfahrt ihr über Schweden? Tauscht euch aus.

2 Über welchen Abschnitt passt die Teilüberschrift „Einwohnerzahlen in Schweden“? Kreise ein.

3 Schreibe eine passende Teilüberschrift für den 3. Abschnitt auf.

4 Richtig oder falsch? Kreuze an. Schreibe die passende Zeile auf.

Aussagen	**richtig**	**falsch**	**Zeile**
Schweden ist ein nordeuropäisches Land.	☐	☐	
In Schweden leben mehr Menschen als in Deutschland.	☐	☐	
„Gamla stan“ ist Schwedens Hauptstadt.	☐	☐	
Elche können im Straßenverkehr zu einer Gefahr werden.	☐	☐	

5 Wie sieht die schwedische Flagge aus?
Recherchiere mit Hilfe einer Suchmaschine für Kinder.
Male die Flagge in den passenden Farben aus.

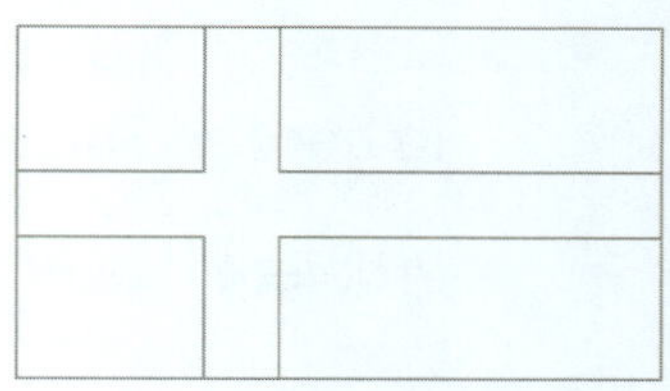

→ SB S. 176/177

Informationen aus einem Text wiedergeben

Big Ben in London

London ist die größte Stadt und die Hauptstadt Großbritanniens. Sie ist bei Touristen sehr beliebt, da es hier viele Geschäfte, Restaurants und Sehenswürdigkeiten gibt.
Der königliche Palast, der Buckingham Palace, und das viertgrößte Riesenrad der Welt, das London Eye, sind beliebte Ziele von Besuchern. Ein weiteres Gebäude ist typisch für London: der Big Ben. Dieser besondere Turm wurde im Jahr 1859 fertig erbaut und ist fast 100 Meter hoch. Er gilt als Wahrzeichen Londons. Viele Menschen denken, dass damit der ganze Glockenturm gemeint ist. Die Briten nannten den weltbekannten Uhrenturm eigentlich „The Clock Tower". Heute heißt er „Elizabeth Tower" (Elisabeth-Turm). Im Jahr 2012 wurde er nämlich zu Ehren des 60. Thronjubiläums von Königin Elisabeth II. umbenannt. Im Turm befinden sich fünf Glocken. Mit Big Ben ist die größte und schwerste Glocke im Turm gemeint. Sie wiegt über 13 Tonnen.

◒ **1** Lies den Text und schreibe wichtige Stichpunkte zu Big Ben auf.

● **2** Gib die Informationen zu Big Ben geordnet in eigenen Worten wieder. Lass dir Rückmeldung geben.

✲ **3** Recherchiert über eine berühmte Sehenswürdigkeit in London. Gestaltet ein Plakat.

→ SB S. 180

Lernwörter-Check

13

der Brief – die Briefe   außer   essen – isst – aßen   die Milch
zu – zum – zur   heißen – heißt – hießen   müssen – muss – mussten
trinken – trinkt – tranken   die Luft   man   das Dorf – die Dörfer

14

erlauben – erlaubt – erlaubten   das Geld – die Gelder   der Käfig – die Käfige
das Land – die Länder   das Rad – die Räder   schenken – schenkt – schenkte
singen – singt – sangen   wenig   welche – welchem – welchen

○ **1** Lass dir die Lernwörter der Wörterkisten 13 und 14 diktieren.

◒ **2** Kontrolliere. Verbessere Fehler.

○ **3** Welche Lernwörter waren schwierig für dich?
Markiere sie in den Wörterkisten.

● **4** Bereite dich mithilfe des roten Fadens auf ein Lerngespräch vor.
Überlege und kreuze an:

Wie sicher konntest du deine Lernwörter schreiben?
Schätze dich ein.

Welche Strategien helfen dir, die schwierigen Wörter richtig zu schreiben? Begründe.

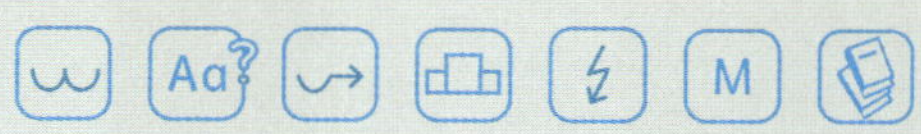

Wie möchtest du weiterüben? Erkläre.

● **5** Führt ein Lerngespräch.
Verwendet den roten Faden und tauscht euch aus.

◒ **6** Ergänze deine Wörterkartei.
Nimm Wörter auf, die du in diesem Kapitel falsch geschrieben hast oder die dir besonders wichtig sind. Übe sie.

S. 18–21

Bist du fit?

1 Trage die fehlenden Zeitformen in die Tabelle ein.

Präsens	er heißt	er
Präteritum	er	er
Perfekt	er	er hat gewusst
Futur	er	er

2 Kreuze an, was stimmt.

- ☐ Vor einem ß steht immer ein Konsonant.
- ☐ Vor ss wird der Vokal lang gespochen.
- ☐ Vor ß wird der Vokal lang gesprochen.
- ☐ Wörter mit ß schreibe ich immer klein.
- ☐ Wörter mit ß muss ich mir gut merken.

3 Setze **g/k** oder **b/p** richtig ein.

Lena glau__t, dass sie beim Diktat alles richtig schrei__t. Beim Üben fra__t sie oft nach. „Du trin__st zu wenig. Wasser gi__t Energie!“, sagt Mama zu ihr. Da hu__t es draußen. Papa kommt nach Hause und brin__t allen ein Eis mit. „So le__t es sich nicht schlecht“, sa__t Lena.

4 Bilde mit den Vorsilben Verben und schreibe sie in der Ich-Form und in der Du-Form auf.

ver | über | reden | kaufen

Ein Rondell schreiben

Ein Rondell ist ein Gedicht. Es hat acht Zeilen und eine Überschrift.
Die Zeilen 1, 4 und 7 sind gleich.
Die Zeilen 2 und 8 sind gleich.

○ **1** Was fällt dir zum Thema „Regen" ein?
Suche Wörter und schreibe sie in dein Heft.

Nomen | Adjektive | Verben

◒ **2** Überlege dir einen Satz, den du in der 1., 4. und 7. Zeile verwenden willst.

◒ **3** Überlege dir einen Satz, den du in der 2. und 8. Zeile verwenden willst.

◒ **4** Schreibe dein Rondell auf.
Denke auch an eine Überschrift.

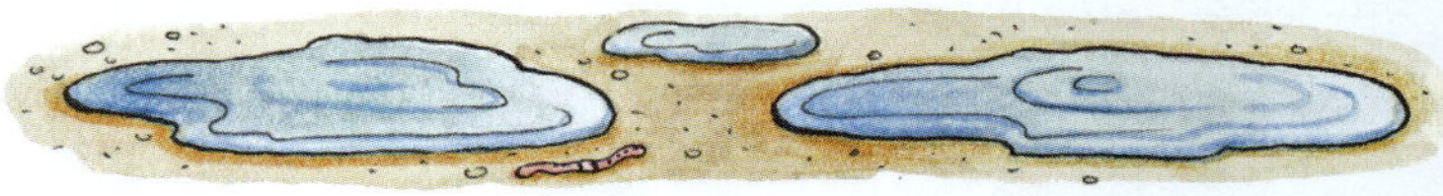

○ **5** Gestalte dein Rondell.

→ SB S. 192

Geburtstagsfest im Herbst

Lena und Lisa sind Zwillinge, sie haben am 15. Oktober Geburtstag. Dieses Jahr möchten sie auf dem Abenteuerspielplatz feiern.
Leider ist Mama nicht begeistert. „Kinder, am 15. Oktober, da feiert kein Mensch seinen Geburtstag im Freien. Da ist es neblig und kalt, wahrscheinlich regnet es auch noch."
Lena mault: „Stimmt doch gar nicht. Letztes Jahr hat es nicht geregnet und neblig war es auch nicht."
Lisa stimmt ihr zu: „Genau, ich kann mich erinnern, dass sogar die Sonne durch das Fenster auf den Schokoladenkuchen schien. Ich hatte schon Angst, dass die Schokolade schmilzt."
Lena zupft Lisa am Ärmel und flüstert ihr zu: „Komm mal mit, ich hab da was entdeckt." Lena zerrt eine Zeitschrift aus dem Zeitungsständer im Wohnzimmer und blättert. „Da!", ruft sie schließlich und hält ihren Zeigefinger auf ein Diagramm. Ihre Schwester beugt sich über das Heft und macht noch immer ein etwas ratloses Gesicht. „Na, da!", wiederholt Lisa und klopft mit ausgestrecktem Zeigefinger mehrmals auf die Spalte, unter der die Abkürzung „Okt" für „Oktober" steht.

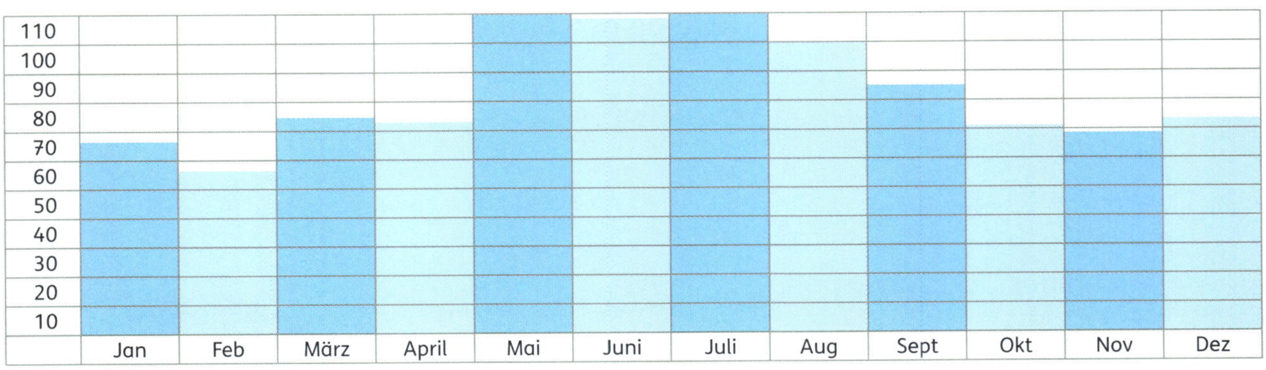

Durchschnittliche Niederschlagsmengen in Millimeter

„Ah", sagt Lena plötzlich, jetzt versteh' ich's! Das müssen wir Mama zeigen." „Genau!", antwortet Lisa. „Und dann muss sie uns im Freien, auf dem Abenteuerspielplatz feiern lassen."

1 Was werden Lena und Lisa ihrer Mutter sagen?

2 Wann hast du Geburtstag? Wie viele Millimeter regnet es in diesem Monat?

→ SB S. 193

Oktoberwind

Sturm | Orkan | Böe | Brise | Hurrikan | Taifun

1 Beschreibt die Unterschiede der Windarten.
Ihr könnt dazu im Lexikon nachschlagen oder im Internet recherchieren.
Nutzt Suchmaschinen für Kinder.

2 Trenne die Nomen in der Wörterschlange durch Striche.

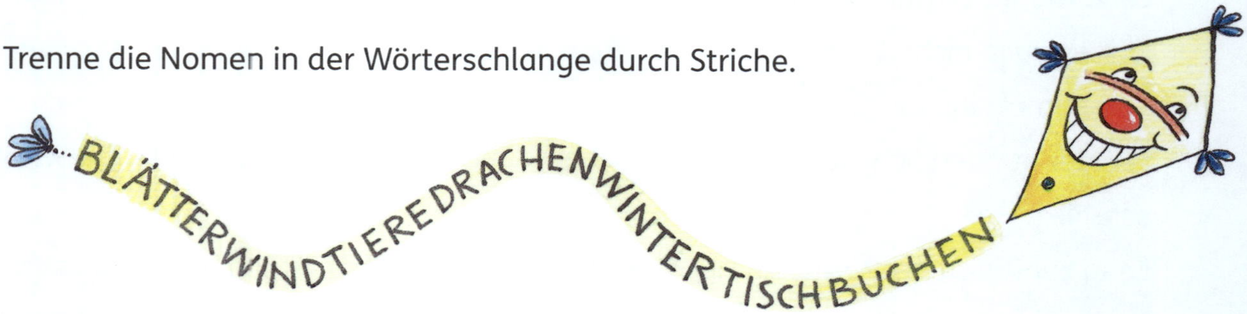

3 Schreibe die Wörter an die richtige Stelle des Gedichts.
Überprüfe durch lautes Lesen.

Oktoberwind

Der ____________ reißt an den Zweigen,
die ____________ wehn davon …
Der Wind lässt ____________ steigen,
ein halbes Dutzend schon.
Und viele ____________ suchen,
was noch im ____________ schmeckt.
Der Wind hat unter ____________
für sie den ____________ gedeckt.

Sigrid Gregor

4 Unterstreiche die Reimwörter in der gleichen Farbe.

5 Schreibe das Gedicht in dein Heft oder auf ein Blatt und gestalte es.

6 Lerne das Gedicht auswendig.

→ SB S. 193

Ein Gedicht untersuchen (1)

○ **1** Unterstreiche Reimwörter in der gleichen Farbe.

○ **2** Unterstreiche die Überschrift mit Lineal.

○ **3** Welche Verben beschreiben das Feuer? Kreise sie rot ein.

○ **4** Welche Adjektive beschreiben das Feuer? Markiere sie gelb.

◒ **5** Mit welchen Sinnen kannst du das Feuer wahrnehmen? Welches Symbol passt zu welcher Strophe?

☐ 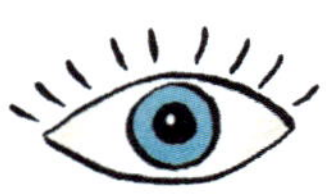

☐ 

☐ 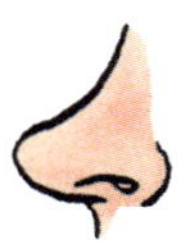

☐ 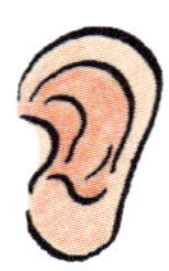

○ **6** Wie verändert sich die Größe des Feuers von Strophe zu Strophe?

◒ **7** Warum ist die letzte Strophe ganz anders aufgebaut? Erkläre.

Das Feuer

Hörst du, wie die Flammen flüstern,
knicken, knacken, krachen, knistern,
wie das Feuer rauscht und saust,
brodelt, brutzelt, brennt und braust?

Siehst du, wie die Flammen lecken,
züngeln und die Zunge blecken,
wie das Feuer tanzt und zuckt,
trockne Hölzer schlingt und schluckt?

Riechst du, wie die Flammen rauchen,
brenzlig, brutzlig, brandig schmauchen,
wie das Feuer, rot und schwarz,
duftet, schmeckt nach Pech und Harz?

Fühlst du, wie die Flammen schwärmen,
Glut aushauchen, wohlig wärmen,
wie das Feuer, flackrig-wild,
dich in warme Wellen hüllt?

Hörst du, wie es leiser knackt?
Siehst du, wie es matter flackt?
Riechst du, wie der Rauch verzieht?
Fühlst du, wie die Wärme flieht?

Kleiner wird der Feuersbraus:
Ein letztes Knistern,
ein feines Flüstern,
ein schwaches Züngeln,
ein dünnes Ringeln –
aus.

James Krüss

◒ **8** Fülle den Lückentext aus:

Der Text ist ein ______________. Der Autor heißt ______________.

Das Gedicht hat sechs ______________. Die ersten fünf Strophen bestehen

aus vier ______________, die letzte aus ______________.

→ SB S. 195

Ein Gedicht untersuchen (2)

○ **1** Warum heißt das Gedicht **papageinachten**? Erkläre.

○ **2** Wie sind alle Wörter geschrieben? Beschreibe.

○ **3** Unterstreicht die Wortteile, die vor ***...nachten*** stehen. Was fällt euch auf?

◒ **4** Finde eigene Wörter, an die du ***...nachten*** anhängen kannst. Schreibe sie auf.

● **5** Schreibe das Gedicht weiter.

✲ **6** Nehmt eure Gedichte als Hörspiel auf.

papageinachten (zum nachsagen)

zur weihnacht gibt es weihnachten
zur weihnacht gibt es weihnachten

doch nebenbei kein nebenbeinachten
doch nebenbei kein nebenbeinachten

warum im mai nicht mainachten
warum im mai nicht mainachten

oder einfach mal tatüta-polizeinachten
oder einfach mal tatüta-polizeinachten

in jedem fall schulfreinachten
in jedem fall schulfreinachten

dideldumdeinachten
dideldumdeinachten

nie vorbeinachten
nie vorbeinachten

jedenfalls will ich mindestens zweimal weihnachten
jedenfalls will ich mindestens zweimal weihnachten

das nenne ich dann zweinachten
das nenne ich dann zweinachten

oder papageinachten
oder papageinachten

oder ganz laut schreinachten
oder ganz laut schreinachten

Arne Rautenberg

 → SB S. 195

Winter

1 Schreibe abwechslungsreicher, indem du die Satzglieder umstellst.

Dichter Schnee fällt seit Tagen vom Himmel.
Er bedeckt die Häuser mit einer dicken Schicht.
Er wirbelt unaufhörlich über die weiten Flächen.
Er überdeckt auch das Futter der Huskys.

2 Ergänze jeden Satz sinnvoll mit den Satzgliedern.

fast immer in einer weißen Landschaft | Kälte und Schnee | auf der Jagd nach Fischen | in der Nähe des Nordpols

Grönland ist eine Insel ______.

Die Menschen leben dort ______

______.

Hunde begleiten die Menschen ______.

Huskys lieben ______.

Osterbräuche

○ **1** Lies den Text.

Seinen Namen hat das Osterfest wahrscheinlich von der Göttin Ostara erhalten. Ihr zu Ehren gab es das Frühlingsfest.
Wir feiern Ostern am Wochenende nach dem ersten Vollmond, das auf den 21. März folgt. Am Abend vor Ostersonntag wird in vielen Orten ein kleines Osterfeuer angesteckt und in die Kirche getragen. Dann wird die Osterkerze entzündet.
Zum Osterfest gibt es noch viele Bräuche, von denen man gar nicht mehr so genau weiß, wie sie entstanden sind.
Die Herkunft des Ostereis wird so erklärt: Schon der Göttin Ostara wurden als Opfergabe Eier dargeboten, denn das Ei ist seit jeher ein Symbol der Fruchtbarkeit.
Außerdem war bei den Katholiken früher das Essen von Eiern während der Fastenzeit verboten. So hatte man zu Ostern eine Menge Eier, die verzehrt werden mussten.
Das Färben von Ostereiern ist ein Brauch, der aus Osteuropa übernommen wurde.
Hasen wurden im Frühjahr öfter als sonst auf der Futtersuche in der Nähe von Dörfern gesehen. So sagte man, dass der Osterhase die Ostereier verstecke, weil die Hühner dazu viel zu langsam seien.

◒ **2** Markiere die Textstellen in den angegebenen Farben, die dir Antworten auf die Fragen geben.

Rot: Woher erhielt das Osterfest seinen Namen?
Blau: Wann wird das Osterfest gefeiert?
Schwarz: Wieso spielt gerade das Ei zu Ostern so eine wichtige Rolle?
Grün: Welche Erklärung gibt es für den Osterhasen?

● **3** Schreibe nun die Fragen mit den zugehörigen Antworten in dein Heft.

→ SB S. 208

Ein spaßiger Urlaub

In den Sommerferien fuhren wir mit dem OTUA nach NEILATI.
Meine AMO und mein APO fuhren auch mit.
Mein RETAV saß am Steuer unseres Wagens.
Wir fuhren bis NAREM und übernachteten im LETOH.
Am nächsten Tag ging die Fahrt weiter, bis wir an die AIRDA kamen.
Wir badeten und bauten Burgen im DNAS.
Das RESSAW war warm und die ENNOS schien vom blauen Himmel.
Am Strand war auch ein DNUH. Er gehörte dem Strandwärter und ich schloss mit ihm Freundschaft. Oft spielte ich auch mit den anderen NEGNUJ am Strand. Wir heckten manchen lustigen HCIERTS aus und hatten unseren Spaß. Vierzehn Tage blieben wir am REEM.
Es waren die schönsten NEIREF meines Lebens.

Bruno Horst Bull

○ **1** Lies die Geschichte laut.

○ **2** Schreibe die Nomen richtig auf.

◒ **3** Wo würdest du deine Ferien verbringen?
Was würdest du dort am liebsten tun?
Schreibe einige Nomen rückwärts auf.

● **4** Schreibe deine Geschichte mit den Nomen aus Aufgabe 3 in dein Heft.

→ SB S. 216/217

Strandwanderung

Maro und seine Eltern sind am Meer.
Heute machen eine lange Strandwanderung.
Damit es nicht zu kalt wird, haben Windjacken angezogen. Maro läuft vor.
sucht Muscheln und zeigt stolz seinen Eltern.
freuen sich, dass Maro das schlechte Wetter nichts ausmacht. Nun winkt aufgeregt zu.
„Wenn ans Ohr haltet, könnt das Meer rauschen hören!“, ruft .

er	sie
ihr	sie
ihnen	er
ihnen	er
sie	sie
ihr	sie

1 Schreibe den Text ab.
Setze dabei die Pronomen ein.

→ SB S. 218/219

Jahreszeiten

1 Ergänze die Jahreszeiten, die an diesen Tagen beginnen.

2 Wann sind Tag und Nacht gleich lang?

3 Welches ist der längste Tag im Jahr?

4 Welches ist der kürzeste Tag im Jahr?

5 Trage die entsprechenden Monatsnamen ein.

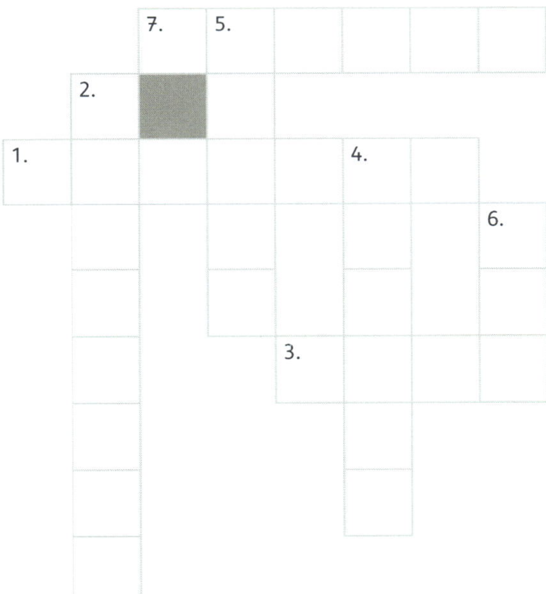

Waagerecht:

1. Dies ist der kürzeste Monat.
3. Dieser Monat folgt auf den Juni.
7. Es ist der erste Monat des Jahres.

Senkrecht:

2. In diesem Monat ist Weihnachten.
4. Dieser Monatsname ist auch ein Männername.
5. Am ersten Tag dieses Monates machen wir gerne Späße.
6. Dies ist der kürzeste Monatsname.

6 Ergänze die fehlenden Monatsnamen.

→ SB S. 190/191

Wörterliste

A

ab
der Abend, die Aben|de
abends
aber
der Ab|sen|der, die Ab|sen|der
die Ad|res|se, die Ad|res|sen
al|le
als
al|so
alt, äl|ter, am äl|tes|ten
am
die Amei|se, die Amei|sen
an
die Angst, die Ängs|te
ängst|lich, ängst|li|cher,
am ängst|lichs|ten
ant|wor|ten, ant|wor|tet,
ant|wor|te|ten
der Ap|fel, die Äp|fel
ar|bei|ten, ar|bei|tet, ar|bei|te|ten
der Arm, die Ar|me
der Arzt, die Ärz|te
die Ärz|tin, die Ärz|tin|nen
der Ast, die Äs|te
auf
die Auf|ga|be, die Auf|ga|ben
das Au|ge, die Au|gen
aus
au|ßer
das Au|to, die Au|tos
die Axt, die Äx|te

B

das Ba|by, die Ba|bys
ba|cken , bäckt (oder) backt,
back|ten (oder) bu|ken
der Bä|cker, die Bä|cker
ba|den, ba|det, ba|de|ten
bald
der Ball, die Bäl|le
das Band, die Bän|der
die Bank, die Bän|ke
der Bär, die Bä|ren
der Bart, die Bär|te
der Bauch, die Bäu|che
der Baum, die Bäu|me
die Bee|re, die Bee|ren
be|gin|nen, be|ginnt, be|gan|nen
bei
das Bein, die Bei|ne
das Bei|spiel, die Bei|spie|le
der Berg, die Ber|ge
das Be|steck, die Be|ste|cke
be|tre|ten, be|trat, be|tra|ten
die Beu|te
der Bi|ber, die Bi|ber
die Bie|ne, die Bie|nen
das Bild, die Bil|der
bis
bis|sig, bis|si|ger, am bis|sigs|ten
die Bir|ne, die Bir|nen
bit|ten, bit|tet, ba|ten, ge|be|ten
das Blatt, die Blät|ter
blau, blaue
blei|ben, bleibt, blie|ben
blit|zen, blitzt, blitz|ten
blü|hen, blüht, blüh|ten
die Blu|me, die Blu|men
die Blü|te, die Blü|ten
der Bo|den, die Bö|den
das Boot, die Boo|te
bö|se, bö|ser, am bö|ses|ten
bo|xen, boxt, box|ten
brau|chen, braucht, brauch|ten
braun, brau|ne
breit, brei|ter, am brei|tes|ten
bren|nen, brennt, brann|ten
der Brief, die Brie|fe
brin|gen, bringt, brach|ten
das Brot, die Bro|te
die Brü|cke, die Brü|cken

der Bru|der, die Brü|der
der Bub, die Bu|ben
das Buch, die Bü|cher
die Büch|se, die Büch|sen
bunt, bun|ter, am bun|tes|ten

C

der Cent, die Cents, 20 Cent
der Christ, die Chris|ten
der Clown, die Clowns
der Com|pu|ter, die Com|pu|ter

D

da
der Dachs, die Dach|se
dan|ken, dankt, dank|ten
dann
das
de|cken, deckt, deck|ten
dein
dei|nem
dei|nen
dem
den
den|ken, denkt, dach|ten
der
des
dich
dick, di|cker, am dicks|ten
die
der Dieb, die Die|be
dies
die|sem
die|sen
das Ding, die Din|ge
dir
doch
das Dorf, die Dör|fer
dort
die Do|se, die Do|sen
der Dra|che, die Dra|chen
drän|gen, drängt, dräng|ten
drau|ßen
dre|hen, dreht, dreh|ten
du
dumm, düm|mer, am dümms|ten
die Dumm|heit, die Dumm|hei|ten
dun|kel, dunk|ler, am dun|kels|ten
durch
dür|fen, darf, durf|ten

E

ehr|lich, ehr|li|cher,
am ehr|lichs|ten
das Ei, die Ei|er
die Ei|dech|se, die Ei|dech|sen
ein
ei|nem
ei|nen
das Eis
die El|tern
das En|de, die En|den
eng, en|ger, am engs|ten
der En|gel, die En|gel
ent|de|cken, ent|deckt, ent|deck|ten
die En|te, die En|ten
er
die Er|de, die Er|den
er|lau|ben, er|laubt, er|laub|ten
er|schei|nen, er|scheint,
er|schie|nen
er|schre|cken, er|schreckt,
er|schreck|ten
erst
er|zäh|len, er|zählt, er|zähl|ten
es
der Esel, die Esel
es|sen, isst, aßen
et|was
eu|er
die Eu|le, die Eu|len
eu|rem

eu|ren
der Eu|ro, die Eu|ros, 20 Eu|ro
das Ex|pe|ri|ment, die Ex|pe|ri|men|te

F

fah|ren, fährt, fuh|ren
das Fahr|rad, die Fahr|rä|der
fal|len, fällt, fie|len
die Fa|mi|lie, die Fa|mi|li|en
fan|gen, fängt, fin|gen
die Fan|ta|sie, die Fan|ta|si|en
die Fe|der, die Fe|dern
die Fee, die Fe|en
fein, fei|ner, am feins|ten
das Feld, die Fel|der
das Fens|ter, die Fens|ter
die Fe|ri|en
der Fern|se|her, die Fern|se|her
das Feu|er, die Feu|er
die Fi|gur, die Fi|gu|ren
fin|den, fin|det, fan|den,
ge|fun|den
der Fin|ger, die Fin|ger
der Fisch, die Fi|sche
die Fla|sche, die Fla|schen
der Fleiß
die Flie|ge, die Flie|gen
flie|gen, fliegt, flo|gen
flie|ßen, fließt, flos|sen
das Floß, die Flö|ße
der Fluss, die Flüs|se
fra|gen, fragt, frag|ten
die Frau, die Frau|en
fremd, frem|der, am frem|des|ten
der Freund, die Freun|de
die Freun|din, die Freun|din|nen
frisch, fri|scher, am fri|sches|ten
der Frosch, die Frö|sche
früh, frü|her, am frü|hes|ten
der Früh|ling, die Früh|lin|ge
früh|stü|cken, früh|stückt,
früh|stück|ten
der Fuchs, die Füch|se
füh|len, fühlt, fühl|ten
der Fül|ler, die Fül|ler
für
der Fuß, die Fü|ße
das Fut|ter
füt|tern, füt|tert, füt|ter|ten

G

die Ga|bel, die Ga|beln
ganz
gan|zem
gan|zen
der Gar|ten, die Gär|ten
ge|ben, gibt, ga|ben
der Ge|burts|tag, die Ge|burts|ta|ge
die Ge|fahr, die Ge|fah|ren
ge|fähr|lich, ge|fähr|licher,
am ge|fähr|lichs|ten
das Ge|fühl, die Ge|füh|le
ge|gen
ge|hen, geht, gin|gen, ge|gan|gen
ge|hö|ren, ge|hört, ge|hör|ten
gei|zig, gei|zi|ger, am gei|zigs|ten
gelb, gel|be
das Geld, die Gel|der
das Ge|mü|se
ge|nau
ge|ra|de
gern
die Ge|schich|te, die Ge|schich|ten
das Ge|sicht, die Ge|sich|ter
ges|tern
ge|sund, ge|sün|der,
am ge|sün|des|ten, ge|sun|de
gie|ßen, gießt, gos|sen
glatt, glat|ter, am glat|tes|ten
die Glat|ze, die Glat|zen
gleich

die Glo|cke, die Glo|cken
das Glück
glück|lich, glück|li|cher,
am glück|lichs|ten
das Gras, die Grä|ser
groß, grö|ßer, am größ|ten
grün, grü|ne
grü|ßen, grüßt, grüß|ten
die Gur|ke, die Gur|ken
gut, bes|ser, am bes|ten

H

das Haar, die Haa|re
ha|ben, hat, hat|ten
ha|cken, hackt, hack|ten
der Hahn, die Häh|ne
der Hals, die Häl|se
hal|ten, hält, hiel|ten
der Hai, die Haie
die Hand, die Hän|de
das Han|dy, die Han|dys
hän|gen, hängt, hin|gen
der Ha|se, die Ha|sen
das Haus, die Häu|ser
die He|cke, die He|cken
heiß, hei|ßer, am hei|ßes|ten
hei|ßen, heißt, hie|ßen
hei|zen, heizt, heiz|ten
hel|fen, hilft, hal|fen, ge|hol|fen
her
das Herz, die Her|zen
heu|te
die He|xe, die He|xen
der Him|mel, die Him|mel
hier
hin
hin|ken, hinkt, hink|ten
hin|ter
hoch, hö|her, am höchs|ten
hof|fen, hofft, hoff|ten
ho|len, holt, hol|ten
der Ho|nig, die Ho|ni|ge
hö|ren, hört, hör|ten
die Ho|se, die Ho|sen
das Huhn, die Hüh|ner
die Hum|mel, die Hum|meln
der Hund, die Hun|de
hu|pen, hupt, hup|ten

I

ich
die Idee, die Ide|en
der Igel, die Igel
ihm
ihn
ih|nen
ihr
ih|re
ih|rem
ih|ren
im
der Im|ker, die Im|ker
im|mer
in
ins
das In|ter|net

J

ja
das Jahr, die Jah|re
je|de
je|dem
je|den
der Jun|ge, die Jun|gen

K

der Kai|ser, die Kai|ser
der Kä|fer, die Kä|fer
der Kä|fig, die Kä|fi|ge
die Kan|ne, die Kan|nen
die Kat|ze, die Kat|zen
kau|fen, kauft, kauf|ten

kein
kei|nem
kei|nen
der Keks, die Kek|se
die Ker|ze, die Ker|zen
das Kind, die Kin|der
die Kis|te, die Kis|ten
die Klas|se, die Klas|sen
das Kleid, die Klei|der
klein, klei|ner, am kleins|ten
der Kof|fer, die Kof|fer
kom|men, kommt, ka|men
kön|nen, kann, konn|ten
der Kopf, die Köp|fe
der Korb, die Kör|be
die Kraft, die Kräf|te
kräf|tig, kräf|ti|ger,
am kräf|tigs|ten
krank, krän|ker, am kränks|ten
krat|zen, kratzt, kratz|ten
das Kraut, die Kräu|ter
kra|xeln, kra|xelt, kra|xel|ten
das Kreuz, die Kreu|ze
kreu|zen, kreuzt, kreuz|ten
krie|chen, kriecht, kro|chen
die Kuh, die Kü|he
kurz, kür|zer, am kür|zes|ten
küs|sen, küsst, küss|ten

L

la|chen, lacht, lach|ten
der Lachs, die Lach|se
der Laib, die Lai|be
das Land, die Län|der
lang, län|ger, am längs|ten
las|sen, lässt, lie|ßen
die La|ter|ne, die La|ter|nen
lau|fen, läuft, lie|fen
laut, lau|ter, am lau|tes|ten
le|ben, lebt, leb|ten
le|gen, legt, leg|ten
der Leh|rer, die Leh|rer
leicht, leich|ter, am leich|tes|ten
lei|se, lei|ser, am lei|ses|ten
der Len|ker, die Len|ker
ler|nen, lernt, lern|ten
le|sen, liest, la|sen
leuch|ten, leuch|tet, leuch|te|ten
die Leu|te
das Le|xi|kon, die Le|xi|ka
das Licht, die Lich|ter
lieb, lie|ber, am liebs|ten
die Lie|be
lie|ben, liebt, lieb|ten
das Lied, die Lie|der
lie|gen, liegt, la|gen, ge|le|gen
links
das Loch, die Lö|cher
lo|cker, lo|cke|rer, am lo|ckers|ten
der Löf|fel, die Löf|fel
der Lö|we, die Lö|wen
der Luchs, die Luch|se
die Luft, die Lüf|te
lus|tig, lus|ti|ger, am lus|tigs|ten

M

ma|chen, macht, mach|ten
das Mäd|chen, die Mäd|chen
der Mai
ma|len, malt, mal|ten
man
der Mann, die Män|ner
das Mär|chen, die Mär|chen
die Ma|schi|ne, die Ma|schi|nen
die Ma|trat|ze, die Ma|trat|zen
die Maus, die Mäu|se
das Meer, die Mee|re
mein
mei|nem
mei|nen
der Mensch, die Men|schen
mer|ken, merkt, merk|ten

das Mes|ser, die Mes|ser
mich
das Mi|kro|fon, die Mi|kro|fo|ne
die Milch
mir
mit
mi|xen, mixt, mix|ten
der Mi|xer, die Mi|xer
möch|ten, möch|te, moch|ten
die Möh|re, die Möh|ren
das Moor, die Moo|re
das Moos, die Moo|se
mor|gen
die Mu|sik
müs|sen, muss, muss|ten
die Müt|ze, die Müt|zen
die Mut|ter, die Müt|ter

N

nach
die Nacht, die Näch|te
die Na|del, die Na|deln
nä|hen, näht, näh|ten
der Na|me, die Na|men
die Na|se, die Na|sen
der Ne|bel, die Ne|bel
ne|ben
nein
neu, neu|er, am neu|es|ten
nicht
nichts
nie
nie|mals
die Ni|xe, die Ni|xen
nun
nur

O

ob
oben
der Och|se, die Och|sen
oder
of|fen
oft
oh|ne
die Oma, die Omas
der On|kel, die On|kel
der Opa, die Opas
der Ord|ner, die Ord|ner
Os|tern

P

pa|cken, packt, pack|ten
das Pa|pier, die Pa|pie|re
die Pap|pe, die Pap|pen
par|ken, parkt, park|ten
der Part|ner, die Part|ner
das Pferd, die Pfer|de
die Pflan|ze, die Pflan|zen
das Pflas|ter, die Pflas|ter
die Pfüt|ze, die Pfüt|zen
der Pilz, die Pil|ze
der Pin|sel, die Pin|sel
die Piz|za, die Piz|zas oder die Piz|zen
der Platz, die Plät|ze
plötz|lich
die Pom|mes
das Po|ny, die Po|nys
der Pul|lo|ver, die Pul|lo|ver
put|zen, putzt, putz|ten

Qu

das Qua|drat, die Qua|dra|te
qua|ken, quakt, quak|ten
die Qual|le, die Qual|len
der Quatsch
die Quel|le, die Quel|len
quer
quie|ken, quiekt, quiek|ten

R

der Ra|be, die Ra|ben

das Rad, die Rä|der
der Raum, die Räu|me
die Rau|pe, die Rau|pen
rech|nen, rech|net, rech|ne|ten
re|den, re|det, re|de|ten
der Re|gen
reich, rei|cher, am reichs|ten
rei|ten, rei|tet, rit|ten
rei|sen, reist, reis|ten
rei|ßen, reißt, ris|sen
ren|nen, rennt, rann|ten
rie|chen, riecht, ro|chen
der Rie|se, die Rie|sen
der Ring, die Rin|ge
der Rit|ter, die Rit|ter
der Rock, die Rö|cke
rol|len, rollt, roll|ten
rot, ro|te
ru|fen, ruft, rie|fen
ru|hig, ru|hi|ger, am ru|higs|ten
rund, run|der, am run|des|ten

S

die Sa|che, die Sa|chen
der Saft, die Säf|te
sa|gen, sagt, sag|ten
das Salz, die Sal|ze
sam|meln, sam|melt,
sam|mel|ten
der Satz, die Sät|ze
das Schaf, die Scha|fe
der Schaum, die Schäu|me
schei|nen, scheint, schie|nen
schen|ken, schenkt, schenk|ten
die Sche|re, die Sche|ren
schie|ben, schiebt, scho|ben
schief, schie|fer, am schiefs|ten
der Schirm, die Schir|me
schla|fen, schläft, schlie|fen
die Schlan|ge, die Schlan|gen
schlecht, schlech|ter,
am schlech|tes|ten
schlei|chen, schleicht, schli|chen
schlie|ßen, schließt, schlos|sen
schlimm, schlim|mer,
am schlimms|ten
der Schlit|ten, die Schlit|ten
schme|cken, schmeckt,
schmeck|ten
der Schmet|ter|ling,
die Schmet|ter|lin|ge
die Schne|cke, die Schne|cken
der Schnee
schnei|den, schnei|det, schnit|ten
schnell, schnel|ler, am schnells|ten
schon
schön, schö|ner, am schöns|ten
der Schrank, die Schrän|ke
der Schreck, die Schre|cke
schrei|ben, schreibt, schrie|ben,
ge|schrie|ben
schrei|en, schreit, schrien
der Schuh, die Schu|he
die Schu|le, die Schu|len
die Schul|ter, die Schul|tern
die Schüs|sel, die Schüs|seln
schüt|zen, schützt, schütz|ten
schwarz
schwer, schwe|rer, am schwers|ten
die Schwes|ter, die Schwes|tern
schwie|rig, schwie|ri|ger,
am schwie|rigs|ten
schwim|men, schwimmt,
schwam|men, ge|schwom|men
schwit|zen, schwitzt, schwitz|ten
sechs
der See, die Se|en
se|hen, sieht, sa|hen
sehr
die Sei|fe, die Sei|fen

sein, ich bin, du bist, er ist,
sie sind, sie wa|ren
sein
sei|nem
sei|nen
seit
die Sei|te, die Sei|ten
sen|den, sen|det, sen|de|ten
set|zen, setzt, setz|ten
sie
sie|ben
sie|gen, siegt, sieg|ten
sin|gen, singt, san|gen,
ge|sun|gen
sit|zen, sitzt, sa|ßen, ge|ses|sen
die Skiz|ze, die Skiz|zen
so
die So|cke, die So|cken
so|fort
der Sohn, die Söh|ne
sol|len, soll, soll|ten
der Som|mer, die Som|mer
die Son|ne, die Son|nen
die Spa|ghet|ti
spa|ren, spart, spar|ten
der Spaß, die Spä|ße
spät, spä|ter, am spä|tes|ten
der Spie|gel, die Spie|gel
das Spiel, die Spie|le
spie|len, spielt, spiel|ten
der Spit|zer, die Spit|zer
der Sport
spre|chen, spricht, spra|chen,
ge|spro|chen
sprin|gen, springt, spran|gen,
ge|sprun|gen
die Stadt, die Städ|te
stark, stär|ker, am stärks|ten
ste|cken, steck|te, steck|ten
ste|hen, steht, stan|den
stei|gen, steigt, stie|gen
der Stein, die Stei|ne
stel|len, stellt, stell|ten
der Stern, die Ster|ne
der Stie|fel, die Stie|fel
der Stift, die Stif|te
still, stil|ler, am stills|ten
die Stim|me, die Stim|men
der Stock, die Stö|cke
die Stra|ße, die Stra|ßen
das Stück, die Stü|cke
der Stuhl, die Stüh|le
die Stun|de, die Stun|den
stür|zen, stürzt, stürz|ten
su|chen, sucht, such|ten
die Sup|pe, die Sup|pen
süß, sü|ßer, am sü|ßes|ten

T

der Tag, die Ta|ge
tan|ken, tankt, tank|ten
die Tan|te, die Tan|ten
tan|zen, tanzt, tanz|ten
die Ta|sche, die Ta|schen
die Tas|se, die Tas|sen
die Tat|ze, die Tat|zen
das Ta|xi, die Ta|xis
der Tee, die Tees
der Teig, die Tei|ge
das Te|le|fon, die Te|le|fo|ne
der Tel|ler, die Tel|ler
teu|er, teu|rer, am teu|ers|ten
der Text, die Tex|te
tief, tie|fer, am tiefs|ten
das Tier, die Tie|re
der Ti|ger, die Ti|ger
die Tin|te, die Tin|ten
der Tisch, die Ti|sche
toll, tol|ler, am tolls|ten
die To|ma|te, die To|ma|ten
tra|gen, trägt, tru|gen
der Traum, die Träu|me

trei|ben, treibt, trie|ben
trin|ken, trinkt, tran|ken, ge|trun|ken
der Tüm|pel, die Tüm|pel
tun, tut, ta|ten
die Tür, die Tü|ren
tur|nen, turnt, turn|ten

U

üben, übt, üb|ten
über
die Über|ra|schung, die Über|ra|schun|gen
über|que|ren, über|quert, über|quer|ten
die Uhr, die Uh|ren
um
und
uns
un|se|rem
un|se|ren

V

die Va|se, die Va|sen
der Va|ter, die Vä|ter
ver|ges|sen, ver|gisst, ver|ga|ßen
der Ver|käu|fer, die Ver|käu|fer
ver|let|zen, ver|letzt, ver|letz|ten
ver|lie|ren, ver|liert, ver|lo|ren
ver|sen|gen, ver|sengt, ver|seng|ten
ver|sen|ken, ver|senkt, ver|senk|ten
ver|ste|cken, ver|steckt, ver|steck|ten
ver|wandt
viel, mehr, am meis|ten
vie|le
viel|leicht
vier
das Vi|rus (auch der Vi|rus), die Vi|ren
der Vo|gel, die Vö|gel
voll
vom
von
vor

W

wach|sen, wächst, wuch|sen
wa|gen, wagt, wag|ten
der Wa|gen, die Wa|gen
die Wahl, die Wah|len
wäh|len, wählt, wähl|ten
wahr
der Wald, die Wäl|der
wann
war|ten, war|tet, war|te|ten
wa|rum
was
das Was|ser
wäss|rig, wäss|ri|ger, am wäss|rigs|ten
der Weg, die We|ge
Weih|nach|ten
weil
wei|nen, weint, wein|ten
weit, wei|ter, am wei|tes|ten
wel|che
wel|chem
wel|chen
die Wel|le, die Wel|len
wem
wen
we|nig, we|ni|ger, am we|nigs|ten
wenn
wer
wer|den, wird, wur|den, ge|wor|den
wer|fen, wirft, war|fen, ge|wor|fen
das Wet|ter
wie
wie|der
die Wie|ge, die Wie|gen
die Wie|se, die Wie|sen

das Wie|sel, die Wie|sel
der Wind, die Win|de
win|ken, winkt, wink|ten,
ge|winkt (oder) ge|wun|ken
der Win|ter, die Win|ter
wip|pen, wippt, wipp|ten
wir
wis|sen, weiß, wuss|ten
der Witz, die Wit|ze
wo
die Wo|che, die Wo|chen
woh|nen, wohnt, wohn|ten
der Wolf, die Wöl|fe
die Wol|ke, die Wol|ken
wol|len, will, woll|ten
das Wort, die Wör|ter
wün|schen, wünscht, wünsch|ten
die Wurst, die Würs|te
die Wur|zel, die Wur|zeln

Z

za|ckig, za|cki|ger, am za|ckigs|ten
die Zahl, die Zah|len
zah|len, zahlt, zahl|ten
zäh|len, zählt, zähl|ten
der Zahn, die Zäh|ne
die Zan|ge, die Zan|gen
der Zeh, die Ze|hen
zehn
zei|gen, zeigt, zeig|ten
die Zeit, die Zei|ten
die Zeit|schrift, die Zeit|schrif|ten
die Zei|tung, die Zei|tun|gen
die Zie|ge, die Zie|gen
zie|hen, zieht, zo|gen
das Ziel, die Zie|le
zie|len, zielt, ziel|ten
das Zim|mer, die Zim|mer
die Zi|tro|ne, die Zi|tro|nen
zu
der Zu|cker
zu|letzt
zum
zur
zu|rück
zu|sam|men
zwei
der Zwerg, die Zwer|ge
die Zwie|bel, die Zwie|beln

Quellennachweis

Text:
13 Habersack, Charlotte: Der schaurige Schusch, ill. v. SaBine Büchner, Ravensburger Buchverlag Otto Maier GmbH 2016; **78** Gregor, Sigrid: Oktoberwind. Aus: Das große Spielen-und-Lernen-Jahrbuch für Kinder. Mein buntes Jahr in der Natur. Velber Verlag, Family Media Verlag GmbH & Co KG, Freiburg im Breisgau 2004.; **79** Krüss, James: Das Feuer. Aus: Krüss, James (Hrsg.): Der wohltemperierte Leierkasten. 12 x 12 Gedichte für Kinder, Eltern und andere Leute. C. Bertelsmann Verlag, München 1989.; **80** Rautenberg, Arne: papageinachten. Aus: Rautenberg, Arne und Stangl, Katrin: Vier Kerzen, drei Könige, zwei Augen, ein Stern. Peter Hammer Verlag 2019.; **83** Bull, Bruno Horst: Ein spaßiger Urlaub. Aus: Teddy. Heft 9, Schreiber Verlag, Esslingen 1980.

Abbildungen:
Ablang, Friederike, Berlin, **A63.2**; Burghart-Vollhardt, Martina, Kamenz, **A8.1; A8.2; A8.3; A9.3; A18.1; A36.1; A36; A47; A54.2; A55.2; A6; A4; A46.1; A70.1**; **L14.5**; Citak, Angelika, Wipperfürth, **A31.2; A35.1; A56.2; A56.3; A56.4; A56.5; A57.1; A66.1; A67.1; A68.1**; Frampton, Iris, Münster, **A17.1; A80.1**; Fröhlich, Anke, Leipzig, **A3.1; A4.1; A4.2; A5.1; A6.1; A7.1; A10.1; A11.1; A11.2; A12.1; A14.1; A14.2; A26; A38; A50; A62; A74.4; A16.1; A19.2; A21.3; A22.1; A22.2; A22.3; A22.4; A22.5; A23.1; A24.2; A25.1; A25.2; A27.2; A28.1; A28.2; A29.1; A33.1; 34.2; A35.2; A37.1; A43.1; A44.1; A44.2; A44.3; A44.4; A44.5; A44.6; A44.7; A45.1; A47.1; A47.2; A47.3; A47.8; A52.1; A53.3; A54.9; A54.10; A54.11; A56.1; A60.1; A63.1; A64.9; A65.2; A71.8; A73.2; A75.1; A75.2; A79.1; A79.2; A79.3; A79.4; A82.1; A83.2; A84.1; A84.13; A14; A26; A38; A50; A62; A74, A86; A87; A88; A89; A90; A91; A92; A93; A94; A95.1; L14.1; L11.1; L29.1; L1.1; L15.1; L3.1; L11.2; L12.2; L15.2; L11.3; L12.3; L15.3; L12.1-12.4; L15.5; L14.6; L15.6**; Graupner, Sylvia, Annaberg, **A81.1**; Greune, Mascha, München, **A54.1; L19.1**; Herold, Heike, Köln, **A27.2; A27.3; A27.4; A27.1; A39.1**; Hochmann, Carmen, Gütersloh, **A13.1; L14.7**; Jähde, Steffen, Sundhagen, **A47.5**; Kurze, Cleo-Petra, Berlin, **A30.1; A30.3; A30.4; A30.5; A30.6; A30.7; A30.8; A42.1; A42.2; A9.1; A9.2; A19.1; A20.1; A20.2; A24.1; A30.2; A31.1; A48.1; A52.2; A53.1; A53.2; A53.3; A53.4; A53.5; A53.6; A53.7; A53.8; A53.9; A54.3-A54.8; A55.3; A58.1; A59.1; A59.12; A63.3; A64.1; A65.1; A69.1; A76.1; A78.1; A78.2; A83.1; A85.1**; Oser, Liliane, Hamburg, **L12.1**; Rau, Katja, Berglen, **L15.4**; stock.adobe.com, Dublin (meerblick09), **A72.1**; Thinkstock, München (Anthony Baggett), **A73.1**; Vogel-Jaich, Anja, Berlin, **A14; A26; A38; A50; A62; A74.2; A14; A26; A38; A50; A62; A74.3; A40.1; A41.1; A41.2; A41.3; A42.3; A43.2; A47.2; A47.4; A47.7; A47.8; A49.1; A61.1; A71.1; A71.2; A71.3; A71.4; A71.5; A71.6; A71.7; L24.1; L24.2; L24.3; L24.4; L24.5; L24.6**

A = Arbeitsheft
L = Lernwörterheft

S. 2/3

S. 4/5

S. 6/7

S. 8

S. 9

S. 10/11

S. 12

S. 13

S. 14/15

S. 16/17

S. 18

S. 19

S. 20/21

S. 22/23/24/25

S. 26/27/28/29

das Loch die Milch etwas helfen das Licht genau der Mensch
der Hals machen die Luft der Boden heute

○ **1** Schreibe die Wörter in Silben getrennt auf.
Markiere die Vokale.

◒ **2** Schreibe die Wörter nach Wortarten geordnet auf.

Nomen:

Verben:

Adjektive:

sonstige Wörter:

◒ **3** Schreibe die Wörter nach dem Alphabet geordnet auf.

4 Trenne die Wörter mit einem Strich. Schreibe sie auf.
Schreibe dabei Nomen groß.

lichtluftmachengenauetwasbodenhelfenhalsheutemenschlochmilch

5 Bilde mit den Wörtern einen sinnvollen Satz.

Hals Luft

Mensch helfen

:

:

S. 30/31

schenken neben die Woche die Seite reich weinen die Sache
die Zeitung schlecht die Tasche reiten neu

○ **1** Schreibe die Wörter in Silben getrennt auf.
Markiere die Vokale.

◒ **2** Schreibe die Wörter nach Wortarten geordnet auf.

Nomen:

Verben:

Adjektive:

sonstige Wörter:

◒ **3** Schreibe die Wörter nach dem Alphabet geordnet auf.

4 Wie heißen die Wörter? Schreibe sie auf.

ei ch r

ei w e n n

ei t r n e

ei t S e

e ch o W

ei Z t g n u

sch T e a

sch k n e e n

5 Setze die Lernwörter von Seite 4 passend ein.

Am Wochenende liest Papa in der ______.

Die ______ mit dem Kreuzworträtsel mag er am liebsten.

Letzte ______ habe ich meine ______ verloren.

Personen, die viel Geld besitzen, sind ______.

Tina bekommt zum Geburtstag ein ______ Fahrrad.

Lisa ______ ihr ein spannendes Abenteuerbuch.

: ______

: ______

S. 30/31

Doppelte Konsonanten

dumm essen kommen schlimm schwimmen schnell vergessen
das Zimmer zusammen der Mann – die Männer

○ **1** Schreibe die Wörter in Silben getrennt auf.
Markiere den doppelten Konsonanten.

◒ **2** Setze **mm**, **ss**, **ll** oder **nn** ein.

ko______en verge______en Mä______er Zi______er

schli______ schwi______en schne______ e______en

◒ **3** Schreibe die Wörter nach Wortarten geordnet auf.

Nomen:

Verben:

Adjektive:

sonstige Wörter:

4 Wie heißen die Wörter? Verbinde und schreibe richtig auf.

kom	sen	zusam	ner
Zim	men	düm	mer
es	mer	Män	men

5 Bilde einen Satz mit jedem Wort.

schwimmen:

vergessen:

Zimmer:

schnell:

kommen:

essen:

:

:

S. 30/31

V/v, ks-Laut

vielleicht vier voll der Fuchs links das Taxi der Text sechs

○ **1** Schreibe die Wörter in Silben getrennt auf. Markiere **v** oder den **ks-Laut**.

◒ **2** **V/v** oder **F/f**? Setze ein.

__oto __ol ständig __ielleicht __iel __uchs __ertig __ier

◒ **3** **X/x** oder **chs**? Setze ein.

Fu____s He____e Ta____i se____s Te____t Lu____s

◒ **4** Wie heißen die Wörter? Schreibe sie auf.

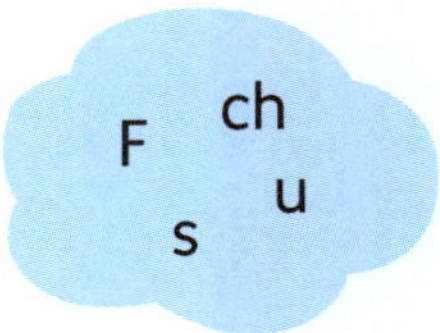

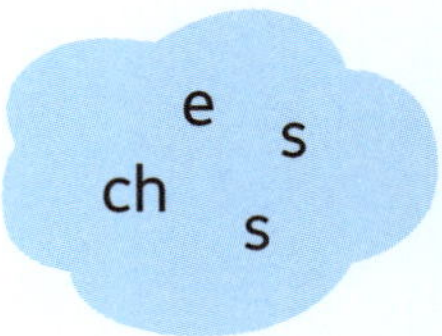

:

:

S. 30/31

alt – älter   lang – länger   laufen – läuft   die Nacht – die Nächte

○ **1** Schreibe die Wörter auf. Markiere **a/ä** und **au/äu**.

◒ **2** Leite ab. Trage **ä/äu** ein.

____lter –   N____chte –

l____nger –   l____ft –

◒ **3** Schreibe das Gegenteil auf.

jung –   Tag –   kurz –

◒ **4** Setze die passenden Wörter ein.

Im Winter sind ________________ meist kalt.

Ich ____________ von der Schule nach Hause. Die Strecke ist _________.

Ein Elefant kann 60 bis 70 Jahre ________ werden.

: ______________________________________

: ______________________________________

S. 30/31

das Beispiel der Brief – die Briefe nie – niemals riechen – riecht schieben – schiebt schwierig tief – tiefer das Tier – die Tiere verlieren ziehen – zieht die Zwiebel

○ **1** Schreibe die Wörter auf. Markiere **ie**.

◒ **2** Finde die Reimwörter. Schreibe sie auf.

tief – ______ vier – ______ lieben – ______

kriechen – ______ fliehen – ______ gierig – ______

◒ **3** Schreibe die Nomen in der Einzahl und in der Mehrzahl auf.

Einzahl	**Mehrzahl**

4 Schreibe die Verben in der Ich/Du/Er-Form auf.

riechen:

schieben:

verlieren:

ziehen:

5 Schreibe die Wörter zu den Bildern auf.

6 Trenne die Wörter mit einem Strich. Schreibe sie auf.
Achte auf Groß- und Kleinschreibung.

verlierentiefbeispielziehtschiebenziehennieniemalsriechttierbrief

:

:

S. 30/31

Doppelter Vokal, Dehnungs-h

der See zehn fahren wahr erzählen das Haar

○ **1** Schreibe die Wörter auf. Markiere die Merkstellen.

○ **2** Setze die Wörter passend ein.

Die Lehrerin ______________ den Kindern eine Geschichte. Ist diese

______________?

Morgen ______________ wir an den ______________.

Der Friseur schneidet die ______________.

◒ **3** Schreibe die Wörter zu den Bildern auf.

: ______________

: ______________

S. 30/31

der Platz die Pfütze plötzlich schützen Handy

○ **1** Schreibe die Wörter nach dem Alphabet geordnet auf.
Setze die Silbenbögen. Markiere die Merkstellen.

◒ **2** Trenne die Wörter mit einem Strich. Schreibe sie auf.
Achte auf Groß- und Kleinschreibung.

plötzlichplatzschützenhandypfütze

◒ **3** Schreibe einen Satz mit den folgenden Wörtern:

Handy plötzlich Pfütze

:

:

S. 30/31

ä ohne Ableitung, zz, i statt ie

der Käfer der Käfig die Pizza die Skizze der Tiger die Maschine die Familie

○ **1** Schreibe die Wörter in Silben getrennt auf.
Markiere die Merkstellen.

◒ **2** Schreibe die Wörter nach dem Alphabet geordnet auf.

● **3** Löse das Kreuzworträtsel.

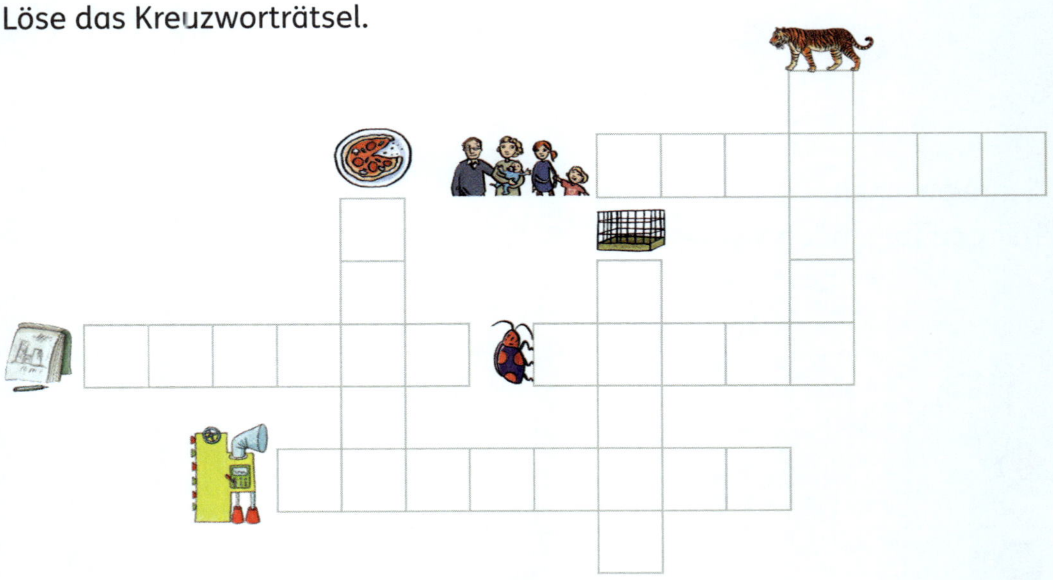

4 Schreibe die Nomen in der Einzahl und in der Mehrzahl auf.

Einzahl	Mehrzahl

5 Bilde zusammengesetzte Nomen. Schreibe sie auf.

 + 

 + 

+ 

:

:

S. 30/31

dt, ck

die Stadt verwandt der Schreck – erschrecken das Stück zurück
das Glück – glücklich verstecken

1 Schreibe alle Wörter nach dem Alphabet geordnet auf.

2 Schreibe die Wörter mit **dt** auf.
Markiere die Merkstellen.

3 Bilde mit jedem **dt**-Wort einen Satz.

4 Schreibe die Wörter mit **ck** auf.
Markiere die Merkstellen.

5 Bilde mit jedem **ck**-Wort einen Satz.

6 Setze die passenden Wörter ein.

Tim ist mein Cousin. Wir sind ____________________.

Regensburg ist eine schöne ______________.

An meinem Geburtstag bekomme ich das größte ______________ Kuchen.

Wenn ich mit meinen Freunden spiele, bin ich ____________________.

7 Trenne die Wörter mit einem Strich.
Schreibe sie auf.
Achte auf Groß- und Kleinschreibung.

glückversteckenstadtzurück

: ______________________________

: ______________________________

S. 30/31

außer draußen heißen die Straße

○ **1** Schreibe die Wörter auf. Markiere die Merkstelle.

______

______

◒ **2** Wie heißen die Wörter? Schreibe sie auf.

ß e u a r

ß e S t a r

e ß d r n au

h ß e ei n

______

______

◒ **3** Schreibe das Verb in den Personalformen auf.

ich ______ wir ______

du ______ ihr ______

er/sie/es ______ sie ______

: ______

: ______

S. 30/31

der Arm das Dorf dort die Eltern die Erde erst schwer sofort

○ **1** Sprich die Wörter deutlich.
Schreibe sie auf und markiere das **r**.

◒ **2** Schreibe die Nomen in der Einzahl und in der Mehrzahl auf.
Welches Nomen gibt es nur in einer Form? Begründe.

◒ **3** Setze die passenden Wörter ein.

Das Paket ist sehr ____________ .

Komm ____________ zurück!

Ich bin ____________ am Anfang.

____________ war er nicht.

: ____________________

: ____________________

S. 30/31

der Abend – die Abende – abends   der Berg – die Berge   erlauben – erlaubt
das Geld – die Gelder   rund – runder   werden – wird

○ **1** Setze die fehlenden Buchstaben ein.
Welches Wort hilft dir? Schreibe es dahinter.

der Aben___ →

der Ber___ →

das Gel___ →

erlau___t →

run___ →

wir___ →

◒ **2** Wie heißen die Wörter? Schreibe sie auf.

n u d r

w n d r e e

t e l au r b

w i d r

◒ **3** Finde die Reimwörter. Schreibe sie auf.

Zwerg – ______   Feld – ______

4 Schreibe die Verben in den Personalformen auf.

ich erlaube ich werde

du

er/sie/es

wir

ihr

sie

5 Erkläre, wie du die Wörter verlängern kannst.

Nomen:

Beispiel:

Verben:

Beispiel:

Adjektive:

Beispiel:

:

:

S. 30/31

Besondere Verbformen

bleiben – blieben halten – hielten kommen – kamen können – konnten
lassen – ließen liegen – lagen müssen – mussten singen – sangen
sitzen – saßen schreiben – schrieben steigen – stiegen
schwimmen – schwammen trinken – tranken

1 Schreibe alle Verben in der Ich-Form im Präsens und im Präteritum auf.
Schreibe so: ich bleibe – ich blieb

Präsens	Präteritum

2 Schreibe die Sätze im Präteritum auf.

Die Kinder bleiben heute länger in der Schule.

Die Lehrerin hält eine Begrüßungsrede.

Viele Eltern kommen zur Aufführung.

Die Kinder singen ein Lied vor.

Am Ende lassen alle einen Luftballon steigen.

3 Setze die Verben aus Aufgabe 2 ins Futur (Ich-Form).
Schreibe so: bleiben – ich werde bleiben

4 Schreibe die passenden Verben in der Grundform auf.

→

→

→

→

→

→

5 Setze die Verben von Aufgabe 4 ins Präteritum (Wir-Form).

6 Suche vier Verben von Aufgabe 4 aus und bilde jeweils einen Satz.

7 Setze die Verben mit passenden Vorsilben zusammen.
Schreibe so viele Möglichkeiten auf, wie du finden kannst.

ent- | an- | aus- | ab- | vor-

halten | kommen | lassen

:

:

S. 30/31

Weitere besondere Wörter

am – an   ein – einem – einen   euer – eurem – euren
ihr – ihre – ihrem – ihren   im – in   jede – jedem – jeden
kein – keinem – keinen   vom – von   welche – welchem – welchen
wem – wen   zu – zum – zur

○ **1** Entscheide welche Form passt. Setze ein.

_____ (*Am/An*) Montag beginnt die neue Woche.

Ich schreibe meiner Oma _____ (*ein/einen*) Brief.

Vor _____ (*eurem/euren*) Haus steht ein großer Baum.

Anna bringt in die Schule _____ (*ihr/ihren*) Hasen mit.

Kyra gratuliert _____ (*ihren/ihrem*) Bruder zum Geburtstag.

Der Hund ist _____ (*im/in*) seinem Körbchen.

Die Lehrerin schenkt _____ (*jedem/jeden*) Kind einen Aufkleber.

Maro wünscht sich _____ (*kein/keinen*) Hund.

_____ (*Vom/Von*) Nikolaus bekommen die Kinder Geschenke.

Der Verkäufer fragt, _____ (*welche/welchem*) Eissorte

die Kinder wollen.

_____ (*Wem/Wen*) gehört diese Jacke?

Meine Schwester begleitet mich heute _____ (*zum/zur*) Schule.

2 Bilde mit jedem Wort einen Satz.

an | einem | euer | ihre | jede | im

keinem | von | welchen | wem | zu | zum

3 Wie heißen die Wörter? Schreibe sie auf.

n eu e r

h e m i r

l e e w m ch

e n n ei

e j n e d

e n ei m k

m o v

m z u

4 Sortiere folgende Wörter nach dem Alphabet:

welche	keinen	ihre	zum	ein	am
euer	jedem	vom	wem		

5 Setze die passenden Vokale ein.

___ ___ n ___ m

___ ___ ___ r

___ hr ___ m

k ___ ___ n ___ n

v ___ m

w ___ m

z ___ m

j ___ d ___ m

6 Setze das passende Fragewort ein.

__________ Hose ziehst du morgen an?

__________ möchte Lisa einen Kuchen backen?

7 Formuliere eine passende Frage.

Welchem ______________________________ ?

Welchen ______________________________ ?

Wen ______________________________ ?

: ______________________________

: ______________________________

S. 30/31

Meine Blitzwörter

Das kann ich schon

Das kann ich schon gut. Ich brauche keine Hilfe.

Das kann ich ein wenig, brauche aber noch Hilfe.

Das kann ich noch nicht gut. Ich brauche viel Hilfe.

Ich kann ...

... Wörter nach Schreibsilben am Zeilenende trennen.

... Wörter mit doppelten Konsonanten schreiben.

... Wörter mit V/v schreiben.

... Wörter mit ks-Laut schreiben.

... Wörter mit ä und äu schreiben.

... Wörter mit ie schreiben.

... Wörter mit doppeltem Vokal schreiben.

... Wörter mit Dehnungs-h schreiben.

... Wörter mit tz schreiben.

... Wörter mit y schreiben.

... Wörter mit ä ohne Ableitung schreiben.

... Wörter mit zz schreiben.

... Wörter mit i statt ie schreiben.

... Wörter mit dt schreiben.

... Wörter mit ck schreiben.

... Wörter mit ß schreiben.

... Wörter mit r nach Vokal schreiben.

... Wörter mit b/p, g/k, d/t schreiben.

... besondere Verbformen schreiben.

... weitere besondere Wörter schreiben.